Reinhard Dümler / Margit Jäcklein

»Ich sag doch Lollmops!«

Kindern mit Aussprachestörungen helfen

Kösel

Im Buch werden Ihnen immer wieder einzelne Buchstaben begegnen, die mit zwei Längsstrichen besonders gekennzeichnet sind, z.B |r|. Hierbei handelt es sich um Sprachlaute. Diese Darstellung hat folgenden Grund: Geschriebene Sprache wird durch Buchstaben dargestellt, sie kann buchstabiert werden: A, BE, TSE, DE ... Die tatsächliche Aussprache in der gesprochenen Sprache hört sich jedoch anders an. Diese Eselsbrücke soll Sie immer daran erinnern: Der Laut |b|, wie Sie ihn z.B. am Anfang des Wortes *Ball* hören, ist etwas ganz anderes als der Buchstabe B (BE).

Alle in diesem Buch beschriebenen Anregungen wurden von den Autoren sorgfältig zusammengestellt. Aus den Spielen und Übungen können sich im Normalfall keinerlei Probleme ergeben. Dennoch sollte bei der Anwendung der Anregungen (vor allem wenn mit Nahrungsmitteln oder anderen Hilfsmitteln im Mundraum gearbeitet wird) darauf geachtet werden, dass die Kinder keine Gegenstände verschlucken oder dass keine Allergien gegen vorgeschlagene Nahrungsmittel oder Hilfsmittel bestehen.

Die Autoren und der Verlag übernehmen keinerlei Haftung für bei der Durchführung der Anregungen entstandene Schäden.

2. Auflage 2009

Umschlag: Elisabeth Petersen, München
Umschlagmotiv: Mauritius/Sammy
Alle Fotos im Innenteil © Reinhard Dümler 2005
Druck und Bindung: Kösel, Krugzell
Printed in Germany
ISBN 978-3-466-30692-3

www.koesel.de

Inhalt

Teil 2

Einleitung

Liebe Leserinnen, liebe Leser,

wir möchten Ihnen kurz vorstellen, wie Sie dieses Buch zur sprachlichen Förderung von Kindern am besten nutzen können.

Vorbeugen ist besser als heilen

Teil 1 des Buches gibt einen Überblick über die Sprachentwicklung des Kindes. Sie erfahren etwas über die häufigsten Sprachfehler. Vor allem aber können Sie nachlesen, wie Sie die kindliche Sprachentwicklung positiv beeinflussen können.

Aussprachestörungen?

In diesem Buch beschäftigen wir uns mit der *Förderung bei Aussprachestörungen.* Wir werden Ihnen keine Ratschläge dafür geben, wie Sie Ihr Kind bei anderen Störungen der Sprache fördern können. Wir geben aber im Teil 1 einen Überblick über die Sprachentwicklung und stellen Ihnen auch andere Sprachstörungen vor, damit Sie diese von Aussprachestörungen unterscheiden können.

Hilfe zur Selbsthilfe

Dieses Buch kann Ihnen helfen, wenn festgestellt wurde, dass Ihr Kind nicht richtig spricht und Sie jetzt auf logopädische Unterstützung oder auf einen Therapieplatz warten. Um diese Wartezeit sinnvoll zu überbrücken, können Sie mit Hilfe dieses Buches Ihr Kind selbst spielerisch fördern. In diesem Fall ist der Teil 2 dieses Buches für Sie besonders wichtig.

Unsicher?

Dieses Buch wendet sich auch an Eltern, die die Befürchtung haben, dass ihr Kind nicht richtig sprechen kann. Für sie ist Teil 1 besonders wichtig. Hier erfahren Sie, wo Sie Rat und Hilfe finden. Außerdem erhalten Sie Tipps, wie Sie selbst die Aussprache Ihres Kindes überprüfen können.

Liebe Kolleginnen und Kollegen ...

Da wir die Hoffnung haben, dass auch einige Kolleginnen oder Kollegen aus der Sprachheilpädagogik oder Logopädie dieses Buch in die Hand nehmen werden, soll an dieser Stelle auch noch Folgendes geklärt sein: Wir wenden uns mit dieser Veröffentlichung in erster Linie an Eltern, weshalb etliche Zusammenhänge vereinfacht dargestellt werden. Um die Lesbarkeit zu erleichtern und die Verständlichkeit unserer Aussagen zu erhöhen, werden wir auf Fachausdrücke völlig verzichten. Wir hoffen natürlich, dass Kolleginnen und Kollegen dieses Buch an Eltern weitergeben, z.B. um ihren Therapiekindern daraus »Hausaufgaben« zu geben.

... und im Kindergarten

Nicht zuletzt haben wir die Hoffnung, dass auch Personen, die im Kindergarten tätig sind, dieses Buch lesen werden. Auch sie können wertvolle Anregungen daraus entnehmen, um im Kindergarten die Sprachentwicklung der Kinder zu unterstützen.

Was wir nicht wollen

Die Aufgabe dieses Buches ist es *nicht*, eine gezielte sprachtherapeutische oder logopädische Behandlung zu ersetzen. Spezifische Sprachstörungen können nur von speziell ausgebildeten Fachleuten therapiert werden. Die Aufgabe dieses Buches ist es *auch nicht*, Eltern ein sprachheilpädagogisches oder logopädisches Halbwissen zu vermitteln. Aus diesem Grund werden wir auch nicht erklären, wie einzelne, spezielle Sprachfehler eines Kindes gezielt behandelt werden können. Alle Anregungen in diesem Buch sind allgemein gehalten und können daher grundsätzlich *bei allen Arten von Aussprachestörungen* angewendet werden. Das Buch versteht sich somit immer nur als Hilfestellung und nie als Therapieersatz!

Quellen

Da dies kein wissenschaftliches Buch ist, haben wir – bis auf wenige Ausnahmen – keine Quellen angegeben. Die Inhalte dieses Ratgebers kommen aus der langjährigen beruflichen Beschäftigung der Autoren mit der Materie und entspringen

- eigenen Ideen
- der Literatur
- Anregungen und Ideen von Kollegen
- den Ergebnissen von Arbeitskreisen, an denen die Autoren beteiligt waren

Sprache erwerben

Der Besitz der Sprache macht den Menschen aus: Die Verwendung einer komplexen Sprache unterscheidet ihn von anderen Lebewesen. Dabei ist die Sprache ein kompliziertes Gebilde, das aus vielen Teilkomponenten besteht. Über die Sprache verfügt der Mensch aber nicht von seiner Geburt an, er muss sie erst erwerben. Angeboren ist ihm nur die Fähigkeit, dass sich Sprache entwickeln kann. Aber jeder einzelne Mensch muss die Sprache für sich erwerben. Am Beispiel eines Baumes sehen Sie, welch kompliziertes Gebilde die Sprache ist und welche grundlegenden Fähigkeiten dazugehören, damit sie sich entwickeln kann.

Die Fähigkeit, Sprache zu erwerben, lässt sich mit einem Samen vergleichen. Was braucht der Samen, damit daraus ein Baum wachsen kann? Er benötigt zunächst Nährboden. Dieser Nährboden ist die Umwelt des Kindes, die Gesellschaft, die Kultur.

Im kulturellen Nährboden entwickeln sich Wurzeln als Voraussetzung für die Sprachentwicklung. Welche Teilleistungen zu den Wurzeln der Sprachentwicklung gehören, das zeigt Ihnen die Abbildung des Sprachbaumes rechts. All diese unterschiedlichen Aspekte der kindlichen Entwicklung sind nötig, damit sich Sprache entwickeln kann. Um diese Entwicklung voranzutreiben, müssen alle Leistungen der Wurzeln im Gehirn zusammengefügt werden (Fachleute sprechen von der sensomotorischen Integration): Das Gehirn muss reifen, sich selbst weiterentwickeln.

Wie ein Gärtner eine Pflanze gießen muss, damit sich aus den ersten Würzelchen eine gesunde Pflanze entwickelt, so muss auch der Sprachbaum des Kindes »gegossen« werden: Die Sprache muss durch Vorbilder angeregt werden, wir müssen dem Kind zuhören, es braucht Zeit zum Sprechen und positive Rückmeldungen auf sprachliche Äußerungen. Durch ständige Kommunikation lernt das Kind, dass es mit seiner Sprache etwas bewirken kann.

Bei guter Pflege wächst aus den Sprachwurzeln ein kräftiger Stamm mit zwei großen Teilbereichen: das Sprachverständnis (das Kind versteht, was wir von ihm wollen) und die Sprachproduktion (das Kind kann sich selbst ausdrücken). Wächst der Stamm kräftig, kann der Baum seine Äste ausbilden.

Die Stimme trägt die Sprache.

Der Redefluss transportiert Wörter und Sätze.

Satzbau und Grammatik machen die Sprache verständlich.

Der Wortschatz schafft Ausdrucksmöglichkeiten.

Die Aussprache formt die Sprache.

Die Pragmatik regelt, wann ich was zu wem sagen kann.

Die Prosodie drückt die Stimmungen in der Sprache aus.

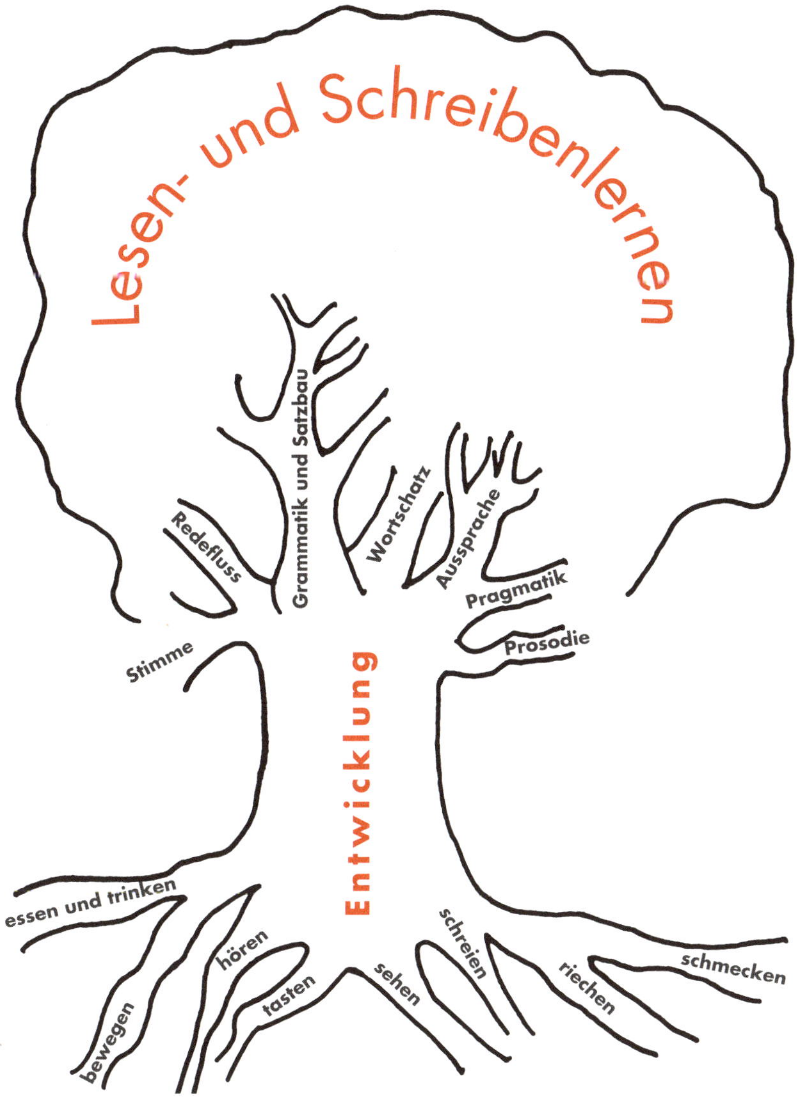

Der Sprachbaum zeigt die vielen Wurzeln, aus denen die Sprachentwicklung erwächst.

Sind alle Teilbereiche der Sprache, alle Äste unseres Sprachbaumes gut ausgebildet, hat ein Kind gute Voraussetzungen zum so genannten Schriftspracherwerb; es kann Lesen und Schreiben lernen.

Abschließend darf man nicht vergessen, dass ein Baum zum Gedeihen nicht nur gegossen werden muss, er benötigt auch Licht und Wärme. Damit der Sprachbaum gedeiht, braucht er Zuwendung, Anerkennung und Liebe.

Und so, wie Sie einer echten Pflanze Wasser und Dünger zufügen müssen, kann auch das Wachstum des Sprachbaums angeregt und gefördert werden: Um die Sprachentwicklung des Kindes zu fördern, gibt es Handlungen, Reaktionen und Tätigkeiten,

die hilfreich und unterstützend sind ...

- Blickkontakt
- Zuhören
- Aussprechen lassen
- Zum Sprechen anregen
- Bauen, Basteln
- Gesellschaftsspiele
- Bilderbücher anschauen
- Strukturierter Tagesablauf

und solche, die es zu vermeiden gilt ...

- Schreien
- Schimpfen
- Mit Wörtern überschütten
- Strenges Korrigieren
- Unmäßiger Fernseh- und Videokonsum
- Computerspiele
- Mangel an Bewegung
- Unstrukturierter Tagesablauf

Das folgende Beispiel zeigt, wie Kinder die Aussprache ihrer Umgebung erlernen. Denken wir uns dazu ein Zwillingspaar, das kurz nach seiner Geburt getrennt wird. Während einer der Brüder mit seiner Mutter in Deutschland aufwächst, geht der andere mit seinem Vater nach England. Nach vier Jahren treffen sich die Eltern gemeinsam mit den Kindern. Sie sitzen in einem Café und unterhalten sich. Ein Tischnachbar, der die Personen wegen des Lärmpegels nicht reden hört, kann die Unterhaltung nur mit seinen Augen verfolgen. Ihm fällt auf, dass bei beiden Kindern ab und zu beim Sprechen die Zunge zwischen den Zähnen hervorschaut. Als sich der Lärmpegel im Café kurz legt, kann der Tischnachbar verstehen, wie die Mutter dem Vater erzählt, dass sie ihren Jungen jetzt zu einer Sprachtherapie angemeldet hat. Der Vater dagegen erzählt, dass sich sein Sohn sprachlich ganz normal entwickelt hat und keinerlei Förderung nötig ist. Der Beobachter schaut den Kindern weiter bei der Unterhaltung zu und wundert sich, dass nur eines der Kinder zur Sprachtherapie muss, wo sie doch beide die Zunge so komisch zwischen den Zähnen herausstrecken.

Als sich der Lärmpegel erneut legt, kann er erkennen, dass eines der Kinder Englisch spricht, und ihm wird klar, warum dieser Junge nicht zu einer Sprachtherapie muss: Das englische Kind hat sich nämlich ganz normal an seine sprachliche Umgebung angepasst. Und im Englischen ist es durchaus erlaubt, beim Sprechen die Zunge zwischen die Zähne zu stecken. Dies gibt dann den englischen th-Laut, der wie ein gelispeltes |s| klingt (vgl. Anm. S.4). Dem anderen Zwilling ist es allerdings nicht gelungen, seine sprachlichen Gewohnheiten an die Normen seiner Umgebung anzupassen. Er hat es nicht gelernt, dass in der deutschen Sprache das Herausstrecken der Zunge – also das Lispeln – nicht erlaubt ist. Warum er dies nicht gelernt hat, wissen wir nicht, aber er muss jetzt auf jeden Fall eine Sprachtherapie besuchen, damit er diese falsche Gewohnheit ablegt und zukünftig richtig spricht. Wäre dieser Junge auch im Ausland aufgewachsen, zum Beispiel in Spanien, so hätte er das Lispeln beibehalten dürfen, denn in Spanien ist ein gelispeltes |s| durchaus erlaubt.

Sie sehen an diesem Beispiel, dass es in unterschiedlichen Sprachen unterschiedliche Gewohnheiten gibt, die ein Kind erlernen muss, wenn es die jeweilige Sprache richtig erwerben will. Ein Kind in England muss lernen, dass es manchmal die Zunge zwischen die Zähne stecken darf, ein Kind in Deutschland muss lernen, dass es die Zunge nie zwischen die Zähne stecken darf. Ein Kind in Norddeutschland muss lernen, dass es ein |r| im Rachen sprechen muss, während ein Kind in Bayern das |r| mit der Zungenspitze sprechen muss. Um diese Unterschiede zu erlernen, sind zunächst wichtige Organsysteme nötig.

Welche sind das? Das *Gehör*, das die Sprache der Umgebung aufnehmen muss; die *Augen*, mit denen die Mundform, Mimik und Gestik wahrgenommen werden; und die so genannten *Sprechwerkzeuge*, die die Sprache des Kindes wiedergeben müssen. Das Gehör und die Sehwahrnehmung sind also das »Eingabesystem«, während die Sprechwerkzeuge das »Ausgabesystem« darstellen. Bevor wir erklären, was zu den Sprechwerkzeugen gehört, müssen wir gestehen, dass wir das wichtigste Verarbeitungssystem für die Sprache noch nicht genannt haben: das *Gehirn*! Dieses fantastische System hat die Aufgabe, das Gehörte und Gesehene zu verarbeiten und die Sprachausgabe in den Sprechwerkzeugen zu steuern.

Laute

Wie wir Laute erzeugen

Was gehört alles zu den Sprechwerkzeugen und wie entsteht ein Laut? Um Sprache zu produzieren, benötigt man die Atmung. Die Luft wird durch die *Nase* eingeatmet und in die *Lunge* befördert. Im *Kehlkopf* wird die ausgeatmete Luft durch die Schwingung der *Stimmbänder* in Stimme verwandelt. Der Klang der Stimme wird im *Mund-* und *Nasenraum* beeinflusst. *Zunge, Gaumen, Zähne* und *Lippen* bilden Hindernisse für die ausströmende Luft, wodurch verschiedene Laute entstehen, an deren Gestaltung auch die *mimische Muskulatur* beteiligt ist. Nervenbahnen vom und zum Gehirn steuern die Bewegungen und geben dem Gehirn darüber Rückmeldung.

Sprache fördern

Wenn ein Kind die richtige Aussprache erlernen will, muss es also in der Lage sein, das Gehörte zu analysieren. Und es muss in der Lage sein, das, was es sagen möchte, auch richtig zu produzieren. Will man die Aussprache eines Kindes fördern, muss man also einerseits seine Unterscheidungsfunktionen über das Gehör trainieren und andererseits die Fähigkeiten seiner Sprechwerkzeuge ausbauen. Da beide Leistungen von den Fähigkeiten des Gehirns abhängig sind, sollte auch das Gehirn ganz allgemein gefördert werden, um die sprachlichen Möglichkeiten zu verbessern. Spielerische Möglichkeiten, das Gehirn ganzheitlich zu fördern, ergeben sich durch Atmung, Sinnesschulung und Bewegungserziehung. In diesem Sinn orientieren sich unsere Spielvorschläge im Teil 2 auch an der unten gezeigten Grafik: Wir stellen Ihnen Anregungen zur verbesserten Hörwahrnehmung vor, Spiele zur Förderung der Sprechwerkzeuge und Anregungen, um das Gehirn über Atmung, Bewegungsspiele und Spiele zur Sinnesförderung zu trainieren.

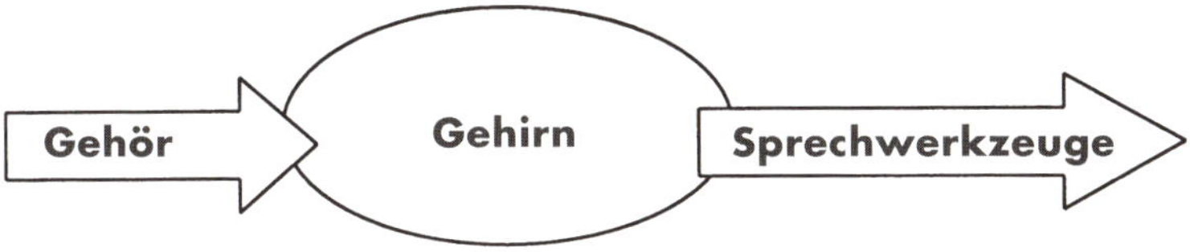

Ein Kind kann seine Muttersprache aber nur so gut erwerben, wie sie ihm dargeboten wird. Das heißt, auch die Vorbildfunktion der Eltern oder der sonstigen Umgebung des Kindes spielt eine große Rolle für die Sprachentwicklung. Wenn Kindern die Sprache richtig dargeboten wird, können vorbeugend schon Aussprachestörungen und andere Sprachfehler vermieden werden. Wie Sie vorbeugend die Sprache Ihres Kindes fördern können, erfahren Sie im Teil 1 dieses Buches.

Für den Fall, dass Sie sich nicht sicher sind, ob Ihr Kind richtig spricht oder ob eventuell eine Aussprachestörung vorliegt, gibt Ihnen Teil 1 dieses Buches auch einige Raster, mit denen Sie überprüfen können, ob Sie möglicherweise fachspezifische Hilfe suchen sollten.

Wenn Sie der Meinung sind, dass Sie fachliche Hilfe benötigen, zeigen wir Ihnen ab Seite 53 auch mögliche Wege auf.

Teil 1

Sprachentwicklung und Sprachstörungen bei Kindern

In diesem Teil erhalten Sie einen Einblick in die kindliche Sprachentwicklung und einen Überblick über die häufigsten Sprachstörungen. Wir wollen Ihnen zeigen, wie viele Chancen der Alltag bereithält, vorbeugend etwas für eine gute Sprachentwicklung zu tun. Am Ende dieses Abschnittes haben Sie die Möglichkeit festzustellen, ob Ihr Kind eine Ausspracheströrung hat, und Sie erfahren, an wen Sie sich wenden können, wenn Sie Hilfe brauchen.

Sprachentwicklung

Als Grundlage der Sprachentwicklung sollten Sie den »Sprachbaum« (Seite 13) im Blick behalten und darauf achten, dass sich alle Äste gut ausbilden. Welche sprachlichen Leistungen eines Kindes sind in welchem Alter zu erwarten?

Am Ende des zweiten Lebensjahres

- Das Kind kaut feste Nahrung
- ahmt Tierlaute nach
- spricht Wörter mit Konsonanten wie |m|-|b|-|p|-|d|-|f|-|l|-|n|-|t|-|w|
- spricht Bezugspersonen mit Namen an
- benutzt Zweiwortsätze (»Ball da«)
- verwendet Eigenschaftswörter (»groß«, »heiß«)
- versteht Aufforderungen, wie z.B. »Zeige mir das Auto!«
- zeigt Körperteile nach Aufforderung
- äußert Wünsche
- verwendet mehr als 50 Wörter (täglich vier neue aktive Wörter)

Am Ende des dritten Lebensjahres

- Das Kind erkennt und benennt Situationen (Bilderbuch)
- hört beim Vorlesen zu
- versteht kleine Geschichten
- verwendet Tätigkeitswörter (»malen«, »singen«)
- gebraucht Fürwörter und Geschlechtswörter (»ich«, »seine«)
- beantwortet einfache Fragen
- stellt erste Fragen
- führt Selbstgespräche und Gespräche mit Tieren
- verwendet Dreiwortsätze (Fehler sind noch erlaubt, z.B. »Papa Auto Arbeit«)
- der Lautbestand ist fast vollständig, fast alle Laute werden richtig gebildet

Am Ende des vierten Lebensjahres

- Das Kind spricht schwierige Konsonanten wie /r/ richtig aus
- bildet die Mehrzahl richtig
- einfache Sätze werden richtig gebildet
- Nebensätze werden benutzt
- Oberbegriffe werden erkannt (»Obst« zu »Apfel«)
- Präpositionen werden verstanden und benutzt (»unter«, »neben«)
- Zusammenhänge im Bilderbuch werden erkannt und beschrieben
- Erlebnisse werden folgerichtig erzählt
- das Kind beteiligt sich an alltäglichen Gesprächen
- die Äußerungen sind auch für Fremde verständlich

Am Ende des fünften Lebensjahres

- alle Laute und Lautverbindungen werden richtig gebildet
- Grammatik und Satzbau sind weitgehend fehlerfrei
- Oberbegriffe werden benutzt

Ein Kind ist jedoch kein Uhrwerk! Daher laufen nicht alle Entwicklungsschritte pünktlich in der angegebenen Reihenfolge ab. Lassen Sie dem Kind etwas Zeit und haben Sie Geduld. Ständiges Vergleichen mit anderen Kindern (»Die kleine Janika kann schon ...«) nützt niemandem. Ab Seite 44 finden Sie Hinweise, wann Sie sich an einen Fachmann wenden sollten.

Sprachstörungen

Betrachten Sie noch einmal den »Sprachbaum«, wie er in der Einleitung dargestellt ist. Der Spracherwerb gliedert sich in vier große Teile:

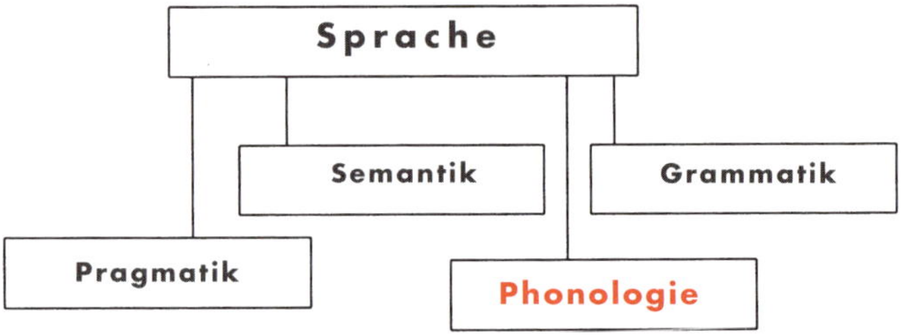

Von Pragmatik und Grammatik war bereits beim Sprachbaum die Rede. Nun bleibt zu klären, was die anderen beiden Fachwörter bedeuten: Die Semantik beschäftigt sich mit dem Wortschatz und bei der Phonologie geht es um die Aussprache. Entsprechend dieser Einteilung in der Spracherwerbsforschung können auch die Störungen des Spracherwerbs eingeteilt werden:

Störungen der Pragmatik

Ist die Pragmatik gestört, können Kinder nicht situationsangemessen handeln. Sie haben nur geringe Fähigkeiten, ihre Absichten und Wünsche sprachlich auszudrücken.

Störungen der Semantik

Bei semantischen Problemen verfügen die Kinder über einen geringen aktiven und passiven Wortschatz. Der passive Wortschatz bezieht sich auf die Wörter, die ein Kind verstehen kann, der aktive Wortschatz bezieht sich auf die Wörter, die ein Kind selbst benutzt. Der passive Wortschatz ist immer deutlich größer als der aktive.

Wortschatzstörungen können so gestaltet sein, dass ein Kind ganz einfach einen im Vergleich zu Gleichaltrigen geringeren Wortschatz hat. Es kann aber auch sein, dass der Wortschatz zwar grundsätzlich vorhanden ist, das Kind aber nicht immer situationsangemessen Zugriff darauf hat. Dann spricht man von Wortfindungsstörungen.

Wenn der Wortschatz eingeschränkt ist, kommt es natürlich auch zu Problemen beim Verstehen von Sätzen. Oft mangelt es den Kindern auch an den nötigen Strategien, um fehlende Wörter zu erfragen.

Störungen der Grammatik

Hierbei kann die Grammatik im engeren Sinn betroffen sein, aber auch der Satzbau. Sagt ein Kind: *Der Papa das Auto wäscht*, wäre dies ein Verstoß gegen den richtigen Satzbau. Bei der Grammatik geht es um die Veränderung der Wörter durch Geschlecht, Zeiten, Fälle, Mehrzahlbildung, usw. Der Satz *Die Kind spielt mit die Hühners* enthält drei Grammatikfehler, obwohl der Satzbau richtig ist. Natürlich können Satzbau- und Grammatikfehler auch kombiniert auftreten.

Störungen der Phonologie

Bei phonologischen Störungen kann die Bildung der Laute betroffen sein. Es kann aber auch sein, dass Laute im Prinzip richtig gebildet werden, aber ihre Anwendung nicht richtig geschieht: Laute werden ausgelassen oder durch andere ersetzt. Einige Beispiele:

Wenn ein Kind das |r| noch nicht aussprechen kann, weil es die komplizierte Zungenbewegung, die zur Bildung dieses Lautes nötig ist, noch nicht beherrscht, spricht der Fachmann von einer *Dyslalie*. Auf deutsch wird auch von *Stammeln* gesprochen.

Kann ein Kind z.B. das |k| und das |g| richtig bilden, erzählt aber trotzdem immer, es gehe in den *Tinderdarten*, dann werden hier die betroffenen Laute nach einer bestimmten Regelhaftigkeit durch andere ersetzt, und der Fachmann spricht von *phonologischen Prozessen*.

→**Wichtiger Hinweis:** Dieses Buch gibt Anregungen, wie man Kindern mit Aussprachestörungen helfen kann. Sie betreffen also nur die phonologische Ebene. Diese ist aber in ein komplexes System eingebettet, das unter anderem aus Bewegung, Wahrnehmung, Merkfähigkeit und Aufmerksamkeit besteht. Das erklärt auch, warum sich die Ratschläge dieses Buches oft (scheinbar) weit von der eigentlichen Aussprache entfernen.

Um Missverständnissen oder falschen Einschätzungen vorzubeugen, muss noch über eine weitere Sprachstörung gesprochen werden, nämlich das *Stottern.*

Stellen wir uns dazu zunächst eine Frage: Ist Stottern eine Aussprachestörung? Darauf gibt es eine eindeutige Antwort: *Nein*! Wenn Ihr Kind stottert, gehen Sie mit ihm zu einer der im Anhang genannten Beratungsstellen. Ständiges Verbessern, Üben oder »Herumtherapieren« wird seine Sprachhemmung eher noch verstärken.

Stottern

Stottern

Zum Sprechen ist ein zeitlich sehr genau abgestimmtes Zusammenspiel von Atmung, Stimmgebung und Sprechbewegungen erforderlich. Darüber hinaus müssen auch die Sprechinhalte geplant, der Dialog gestaltet und die richtigen Worte bzw. grammatischen Formen ausgewählt werden. Geschieht dies reibungslos, anstrengungsfrei und mit angepasster Geschwindigkeit, so entsteht der Eindruck flüssigen, ungestörten Sprechens.

Warum sprechen fast alle Kinder phasenweise unflüssig?

Flüssiges Sprechen (mit den darin enthaltenen normalen Sprechunflüssigkeiten) müssen Kinder Schritt für Schritt erlernen. In dem Maße, wie die Fähigkeiten im Bereich der Aussprache, des Wortschatzes, der Grammatik und der Kommunikation größer werden, steigen die Ausdrucksmöglichkeiten des Kindes. Gleichzeitig wachsen aber auch die Anforderungen an die Sprechflüssigkeit: Mit immer mehr an verfügbarem Sprachmaterial muss das oben beschriebene feine Zusammenwirken aller am Sprechen beteiligten Faktoren für immer längere, komplexere Äußerungen funktionieren. Dies geschieht jedoch nicht immer ungestört. ... Festzuhalten bleibt, dass die Phasen von Sprechunflüssigkeiten, die bei fast allen zwei- bis sechsjährigen Kindern auftreten, zumeist aus ganz normalen (Sprach-)Entwicklungsprozessen heraus erklärbar sind und kein abweichendes Geschehen darstellen.

Wie kommt es zum Stottern?

Fast alle Kinder zeigen mehr oder weniger lange andauernde Phasen der Sprechunflüssigkeit. Die meisten von ihnen finden ohne jede Einflussnahme in ein normal flüssiges Sprechen. Bei ca. fünf Prozent der Kinder kommt es jedoch zu vermehrten Sprechunflüssigkeiten und bei ca. einem Prozent der Kinder entwickelt sich daraus ein chronisches Stottern. Bei dieser Gruppe scheinen anlagebedingte Faktoren, ungünstige Kommunikationsbedingungen und ungünstige emotionale Bewältigungsformen verstärkend auf die Sprechunflüssigkeiten einzuwirken.

Wie zeigt sich kindliches Stottern?

Beim Stottern finden sich folgende Sprech-Symptome:

- Wiederholungen (»Ich ma-ma-ma-ma-mache das schon.«)
- Dehnungen (»Wwwwwweeeeeer ist dran?«)
- Blockaden, die ein krampfartiges Verharren darstellen (»K.......kaffee«)
- Vermeidung von Worten, die »stottergefährdet« sind (z.B. »Großmutter« statt »Oma«, wenn Vokalanfänge schwierig sind)

(Aus: Stottern bei Kindern, herausgegeben von der Deutschen Gesellschaft für Sprachheilpädagogik, Autorin Dr. Claudia Iven. Abdruck mit freundlicher Genehmigung)

So können Sie die Sprachentwicklung positiv beeinflussen

In diesem Kapitel erfahren Sie, was Sie mit Ihrem Kind vorbeugend tun können. Sie finden Anregungen für die verschiedenen Entwicklungsbereiche, aufgegliedert in die unterschiedlichen Altersgruppen.

Sprache von Anfang an

Sprechen ist eine Abfolge von Bewegungsmustern, die auf engstem Raum mit hoher Geschwindigkeit ablaufen. Der Luftstrom wird im Mundraum in bestimmte Bahnen gelenkt, »geformt«. Die beweglichen Sprechwerkzeuge wie Lippen, Zunge, Kehlkopf, Stimmbänder und Mundmuskulatur bilden die entscheidende Voraussetzung für die Ausbildung der Laute.

Nicht abzukoppeln sind diese Bewegungen von der Bewegungs*empfindung*. In der Mundregion spüren wir die Bewegung der Zunge, deren Druck gegen den Gaumen, die Spannung der Lippen. Die Kontrolle der Bewegung erfolgt über die Bewegungsempfindungen, da wir zum Beispiel unsere Zunge beim Sprechen nicht sehen, eine visuelle Kontrolle des Sprechvorgangs also nicht möglich ist. Treten in diesen Bereichen Verzögerungen der Entwicklung oder der Ausreifung auf, kann die normale Entwicklung des Sprachgebrauchs beeinträchtigt werden. Auch durch zu wenig gesprochene Sprache kann es passieren, dass die motorischen Hirnzentren nicht angeregt werden. Fehlfunktionen im Mund-Zahn-Kieferbereich, Mundatmung, offene Mundhaltung, falsche Schluckgewohnheiten können ebenso einen großen Einfluss auf die Aussprache ausüben.

Deshalb ist es wichtig, frühzeitig geeignete Maßnahmen zu ergreifen, damit solche Störungen nicht auftreten.

Förderung im ersten Lebensjahr

Ernährung und Sprache

Was hat Ernährung mit Sprechen zu tun? Sehr viel! Die Muskulatur im Mundraum, die zur Nahrungsaufnahme und Zerkleinerung der Nahrung gebraucht wird, ist identisch mit der Sprechmuskulatur. Zu dieser Muskulatur gehören die Lippen, die Zunge, die Rachenmuskulatur und die gesamte Gesichtsmuskulatur. Die Bereiche, die beim Schlucken von der Zunge berührt werden, entsprechen den Stellen, an denen Sprachlaute gebildet werden. Die Vorbeugung gegen eventuelle Sprachstörungen beginnt bereits nach der Geburt.

Stillen

Nach der Geburt kann das Baby ausschließlich flüssige Nahrung zu sich nehmen, dazu ist es mit dem Saugreflex ausgestattet. Mit Abstand die beste Art, das Baby zu ernähren, ist das Stillen – unter gesundheitlichen und emotionalen Gesichtspunkten und auch, was die Sprachentwicklung betrifft. Durch das Stillen werden die gesunde Kieferentwicklung und das richtige Atmen des Babys gefördert. Denn nur beim Stillen kann das Baby flüssige Nahrung saugen, schlucken und dabei gleichmäßig durch die Nase atmen.

Bei der Ernährung mit der Flasche zieht der Säugling die Milch durch Saugen aus der Flasche. Dadurch entsteht in der Flasche ein Vakuum. Damit die Nahrungsaufnahme weiter fortgesetzt werden kann, muss dieses Vakuum beseitigt werden. Das Baby muss dazu kurz beim Trinken innehalten und den Mund öffnen, um Luft durch die Öffnung des Saugers in die Flasche strömen zu lassen. Im Gegensatz zum Stillen atmet das Kind beim Flaschetrinken also weitaus häufiger durch den Mund. Zudem wird von besorgten Müttern die Öffnung am Flaschensauger noch vergrößert, damit das Baby auch ausreichend und schnell die Nahrung aufnehmen kann. Ein vergrößertes Saugloch kann sich aber negativ auf die Mundmuskulatur auswirken und zu Fehlfunktionen führen. Durch das vergrößerte Loch fließt die Milch fast immer zu schnell in den Mund des

Kindes. Der Säugling versucht nun den Milchfluss zu stoppen, indem er die Zunge gegen die einströmende Milch stemmt. Dadurch wird dem Kind ein Zungenvorstoß – also eine falsche Zungenlage und ein falsches Schluckmuster – angewöhnt.

Wenn Sie dem Baby eine Flasche geben, achten Sie bitte darauf, dass es die Flüssigkeit gleichmäßig ansaugt. Auf keinen Fall sollte die Flasche mit ins Bett gegeben oder als Beruhigungsmittel eingesetzt werden. Auch als Schnullerersatz zum Nuckeln ist sie nicht geeignet. Durch das dauernde Umspülen der Zähne mit Flüssigkeit (auch Wasser!) wird der Zahnschmelz angegriffen, es bilden sich Zahnbelag und Karies. Wird Brei aus der Flasche angeboten, kommt es ebenfalls zu einer Überanstrengung der Kinn- und Lippenmuskulatur, die sich negativ auswirken und zu Fehlfunktionen beim Schlucken und Sprechen führen kann.

Kauen fester Nahrungsmittel

Ab dem vierten Lebensmonat nimmt allmählich der Saugreflex ab. Mit sechs Monaten können Sie das Kind bereits mit dem Löffel füttern. Mit sieben Monaten kann es erste Erfahrungen mit fester Nahrung sammeln. Spätestens mit zwölf Monaten sollte das Kind aus dem Becher oder der Schnabeltasse trinken und selbstständig feste Nahrung in den Mund stecken können. Die Fähigkeit zur Nahrungsaufnahme ist nun so weit ausgereift, dass der kleine Erdenbürger nicht mehr zwingend aus der Flasche trinken muss, um ernährt zu werden. Er braucht jetzt vielfältige Angebote fester Nahrung (z.B. Obststücke, Brot, Gemüse). Ab diesem Zeitpunkt können Sie das Kind langsam an die Erwachsenenkost heranführen. Mit 18 Monaten können Sie vollkommen auf die Flasche verzichten. Wichtig sind gemeinsame Mahlzeiten mit der Familie, damit das Kleinkind richtiges Essverhalten lernen kann. Abwechslungsreiche Speisen mit unterschiedlichen Konsistenzen und Geschmacksrichtungen fördern eine gut entwickelte Kau- und Sprechmuskulatur und ermöglichen vielfältige Sinneseindrücke über Geschmacks-, Geruchs- und Tastsinn.

Wahrnehmung und Sprache

Eine intakte Wahrnehmung ist die wichtigste Voraussetzung zur Aufnahme und Verarbeitung der verschiedensten Umweltreize. Sie bildet die Grundlage der Intelligenzfunktionen, wie etwa die Fähigkeit zum Sprechen, zum Schreiben oder zur Konzentration. Über den Sehsinn, Hörsinn, Tastsinn, Geschmacks- und Geruchssinn erschließt sich für das Kind seine Lebenswelt. Für die Sprache des Kindes bedeutet das, dass es seinen Gesprächspartner genau ansehen und ihm genau zuhören muss, um dessen Aussprache entschlüsseln zu können. Bekanntlich erlernen blinde Kinder sehr verzögert das Sprechen, da ihnen die Mundbilder zu den einzelnen Lauten fehlen. Bei schwerhörigen Kindern fehlt dagegen der Höreindruck, nur durch das Mundbild können diese Kinder mit großen Problemen die Muttersprache erlernen. Damit das Kind über diese Sinne Sprache wahrnehmen und erlernen kann, braucht es das »Bad in der Sprache«.

Mit dem Baby sprechen

Wenn Sie sich mit Ihrem Baby unterhalten, so lässt sich das mit dem Blick in einen Spiegel vergleichen. Im Gesicht der Eltern, ihrer Mimik und Gestik kann sich das Baby wiederentdecken und so auf das Echo der Eltern reagieren. Geben Sie deshalb dem Baby die Möglichkeit zum Antworten – das geschieht durch Lachen, erste Laute oder das Nachahmen Ihres Mundbildes. Es trainiert dadurch seine Wahrnehmung und seine Muskulatur und wird angeregt, neue Laute zu produzieren.

Es ist wichtig, dass Sie sich mit Ihrem Baby von Anfang an unterhalten. Wenden Sie sich dem Kind dabei zu, schauen Sie ihm in die Augen. Auch wenn es vermeintlich die Worte nicht versteht, so nimmt es auf jeden Fall den Klang der Worte und die Stimmung des Gegenübers wahr.

Begleiten Sie alle Beschäftigungen mit dem Kind sprachlich, z.B. beim Anziehen: »So, jetzt ziehen wir die Hose an …«

Je früher ...

Warum frühe Anregung wichtig ist

Ein kleiner Ausflug in die Wissenschaft: »Das neuronale Netzwerk für die Lautwahrnehmung reduziert sich schon nach einem Jahr und schrumpft im Verlauf der Kindheit immer weiter. Damit ist die Aussprache derjenige Aspekt des Spracherwerbs, der sich am frühesten im Gehirn verankert.« (*Gehirn & Geist* Nr. 2/2003) Was bedeutet diese Aussage? Sie besagt schlicht und einfach, dass diejenigen Nervenverbindungen, die im Gehirn für die Lautsprache zuständig sind, im ersten Lebensjahr besonders gut angelegt werden können. Deshalb braucht das Kind gerade in dieser Zeit viele lautsprachliche Anregungen. Nach dem ersten Lebensjahr kann die Lautsprache zwar immer noch gefördert werden, die Anregung ist dann aber nicht mehr so fruchtbar, weil die richtige Zeit verpasst wurde.

Verzichten Sie auf Hintergrundberieselung durch Radio und Fernsehen, denn das stört die Kleinen beim Zuhören. Und Lärm stört die Hirnentwicklung, das ist mittlerweile klar erwiesen. Stille hingegen ist heute rar: »Stille ist in der Welt, in der Kinder heute groß werden, ein seltenes Gut. Stattdessen umgibt den Nachwuchs von der ersten Sekunde seines Lebens an eine permanente Geräuschkulisse. Auf der Bundesstraße in der Nähe rauschen Autos vorbei, das Radio des Nachbarn plärrt, der Kühlschrank brummt. Die akustische Dauerberieselung könnte der Grund für die in den letzten Jahrzehnten stetig wachsende Zahl kindlicher Sprachentwicklungsstörungen sein – zumindest deuten die Ergebnisse einer Studie der University of California in San Francisco darauf hin.« (*Gehirn & Geist* Nr. 4/2003) Durch Dauerbeschallung wird die Gehirnentwicklung beeinträchtigt. Diejenigen Nervenverbindungen im Gehirn, die zur Unterscheidung von Tönen nötig sind, müssen sich nämlich in den ersten Lebensmonaten entwickeln. Und diese Entwicklung wird durch Dauerlärm gestört.

Wann hört ein Baby besonders gut zu:

- Beim Stillen oder beim Füttern mit der Flasche bieten sich Gelegenheiten, mit dem Baby zu sprechen oder die Laute, die das Baby von sich gibt, widerzuspiegeln.
- Beim Füttern besteht für das Baby die Möglichkeit, einen engen Blickkontakt mit der Mutter oder dem Vater aufzunehmen.
- Beim Baden bietet sich die Möglichkeit, ohne Störung von außen mit dem Kind in Zwiesprache zu treten, es kann das Wasser fühlen, spürt, wie es festgehalten wird, fühlt die Temperatur des Wassers, das Handtuch ...
- Beim Wickeln ist das Kind ganz auf seine Bezugsperson fixiert, diese Zeit bietet sich für spielerische Anregungen der Sinne, Bewegung und Sprache an.
- Auch beim gemeinsamen Spielen am Boden ist das Baby vollkommen auf seinen Spielpartner ausgerichtet.

Bewegungsentwicklung und Sprache

Nach der Geburt sind Wahrnehmung und Motorik sofort präsent. Das Zusammenspiel dieser beiden Systeme ermöglicht das Lernen. Auch die Muskulatur muss lernen. Das Baby entwickelt sich und kommt von unkoordinierten Bewegungen (der Säugling liegt und strampelt) zu ausgereiften Bewegungsmustern (greifen, krabbeln, gehen, sprechen). Das Lernen erfolgt über Bewegungserfahrungen. Auch die Sprache wird über unterschiedliche motorische Eindrücke erlernt. Zunächst produziert das Baby nur Schreilaute. Danach beginnt es mit ersten Lalllauten, dabei werden Gurrlaute erzeugt. Das Baby spürt mit Lust die Bewegungen, durch die es erste Laute produziert. Die Eltern sind so erfreut über die ersten Laute, dass sie diese gleich nachahmen. Dadurch bekommt das Kleine die erste Rückmeldung über seine Sprache. Durch diese positive Rückmeldung wird es zu immer neuen Lautproduktionen ermuntert. Natürlich entwickelt sich die Sprechmotorik nicht unabhängig von der Motorik des gesamten Kindes. Deshalb ist es wichtig, dem Kind genügend Bewegungsanregungen sowohl für den gesamten Körper als auch für die Hand- und Mundmotorik zu geben.

Möglichkeiten zur Bewegungsförderung

- Bewegungen sprachlich begleiten durch kleine Krabbelverse, Kniereiterspiele, Aufwach- und Schlaflieder (Ideen dazu finden Sie ab Seite 73), Kommentieren von wiederkehrenden Tätigkeiten wie An- und Ausziehen, Wickeln, Baden
- PEKiP (Prager Eltern-Kindprogramm): Gruppenangebot vieler Familienzentren für Eltern mit Säuglingen ab der sechsten Lebenswoche bis ca. zum ersten Geburtstag. Ziele sind Anregung der Entwicklung über Bewegungs- und Sinnesanregungen, Sozialkontakt, Elternberatung
- Babymassage – dadurch nimmt das Kind seinen Körper wahr
- Babygymnastik – das Baby wird durch spielerische Turnübungen angeregt, seine Arme und Beine zu bewegen
- Babyschwimmen – das Spielen im Wasser ermöglicht es dem Baby, sich leichter zu bewegen als beim Liegen im Bett oder am Boden

Regeln und Rituale

Bereits nach der Geburt sind alle Sinne des Babys entwickelt. Doch ab diesem Zeitpunkt verlässt das Baby die Geborgenheit des Mutterleibes und stürzt in eine Welt voller vielfältiger Reize, die es beunruhigen und verwirren können. Es ist notwendig für das Kind, eine Struktur in dieses Chaos zu bringen. Dazu braucht es jedoch Hilfe. Es bieten sich dazu immer wiederkehrende Rituale an, auf die es sich verlassen kann.

Solche liebevollen Gelegenheiten können sein:

- Aufwachen – immer mit dem gleichen Begrüßungs- oder Krabbelvers
- Schlafenszeit mit bestimmten Vers- oder Kuschelritualen einleiten, wie z.B. Schlaflied, Spieluhr
- Beim Wickeln die Möglichkeit zum Spielen ohne Windeln
- Vor dem Füttern einen kleinen Spruch erzählen, das Essen an einem bestimmten Platz einnehmen, Wert legen auf einen schön gedeckten Tisch – das Essen wird dadurch aufgewertet und interessant
- Gemeinsames Baden, eingeleitet durch Strampelzeit vor dem Baden, ausklingend mit einer Kuschelstunde nach dem Baden

Förderung im zweiten Lebensjahr

Ernährung und Sprache

Im zweiten Lebensjahr ist das Kind nun bereits in der Lage, erste Worte zu sprechen. Es kann feste Nahrung kauen und alles essen, was auch Erwachsene zu sich nehmen. Die motorischen Fähigkeiten des Kindes ermöglichen es ihm, die Mahlzeit selbstständig mit dem Löffel oder der Gabel zu sich zu nehmen, ohne dabei viel zu kleckern. Seine Mundmotorik ist so weit ausgereift, dass es beim Essen die Lippen geschlossen halten und seinen Speichelfluss kontrollieren kann. Es kann aus dem Glas trinken, ohne viel zu verschütten, und mit dem Strohhalm trinken.

Essgewohnheiten

Altersentsprechende Ernährung ist nicht nur unter ernährungsphysiologischen Gesichtspunkten notwendig, sondern auch zur Aktivierung der Mundmotorik von größter Bedeutung. Durch die Vorbildfunktion der Eltern hat das Kind die beste Gelegenheit, das Essen mit Löffel und Gabel sowie Tischsitten, aber auch Freude am Essen zu erlernen. Dabei ist es wichtig, die Mahlzeiten abwechslungsreich zu gestalten und auf ausgewogene Ernährung zu achten, damit sich möglichst unterschiedliche Geschmacks- und Sinneseindrücke beim Kind entwickeln können. Deshalb sollten Zweijährige auf keinen Fall vorwiegend breiige oder weiche Nahrung wie Milchschnitte, Pudding, Brot ohne Rinde, Hörnchen, Milchbrei etc. zu sich nehmen. Durch solche Essgewohnheiten werden Beißerfahrungen vermieden. Die dadurch verursachte schlaffe Mundmuskulatur wirkt sich unter Umständen auch negativ auf die Sprachproduktion aus. Bei manchen Kindern ist es notwendig, bestimmte Nahrungsmittel immer wieder anzubieten, damit sie sich langsam an sie gewöhnen können – doch sollten Kinder nicht zum Essen gezwungen werden.

Sinnvoll ist es, mindestens eine gemeinsame Mahlzeit am Tag miteinander einzunehmen. Tischgespräche bieten dabei einen idealen Rahmen, über das Tagesgeschehen zu sprechen und die Kinder mit einzubeziehen. Verzichten Sie aber unbedingt auf Konfliktgespräche beim Essen, weil dadurch die Freude am Essen genommen wird. Die Lust am Essen sollte nicht durch Probleme belastet werden. Essstörungen kann dadurch vorgebeugt werden.

Zum Dauergebrauch nicht geeignet: Solche Flaschen fördern falsche Trinkgewohnheiten.

Trinkgewohnheiten

Das Kleinkind kann nun selbstständig aus der Tasse oder dem Glas trinken und auf die Flasche ganz verzichten. Als Getränke eignen sich Wasser, ungesüßte Tees oder Fruchtsaftschorlen.

Ab dem zweiten Lebensjahr sollte das Kind lernen, mit dem Strohhalm zu trinken – das macht Kindern Spaß und führt zur Aktivierung und Kräftigung der gesamten Muskulatur im Mundbereich.

Die für Sportler entwickelten Trinkflaschen mit Sicherheitsverschluss eignen sich nicht zum Dauergebrauch, weil das Nuckeln dadurch aufrechterhalten wird. Außerdem führen sie zu falschen Gewohnheiten, da der Verschluss mit den Zähnen festgehalten wird und sich die Mundmuskulatur verkrampft. Frühkindliche Saugbewegungen werden aufrechterhalten statt abgebaut. Dadurch wird das Trinken aus Glas oder Becher erschwert. Gegen das Trinken aus normalen Flaschen ist nichts einzuwenden, wenn es den Kindern richtig beigebracht wird: Der Flaschenhals liegt auf der Unterlippe auf und wird locker an der Oberlippe angelegt, so dass beim Trinken Luft aus dem Flaschenhals entweichen kann und kein Vakuum entsteht.
So sollte es *nicht* aussehen:

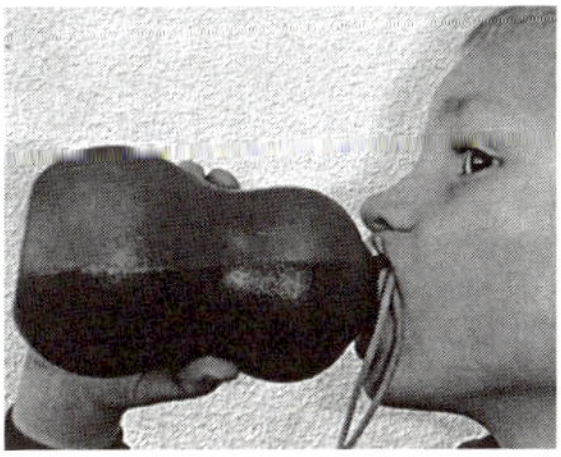

So nicht! Die Flasche locker an der Oberlippe anlegen, damit Luft entweichen kann.

Mundhygiene und Sprache

Sobald die ersten Zähne vorhanden sind, sollte mit dem Zähneputzen begonnen werden. Das Kind kann spielerisch auf die Zahnpflege vorbereitet werden, es bekommt z.B. eine Babyzahnbürste zum Spielen. Die erste Zahnpflege erfordert noch keine Zahnbürste. Mit der Ecke eines Waschlappens können die ersten Zähne vorsichtig gereinigt werden. Ist das Milchgebiss komplett, muss auf jeden Fall morgens und abends eine gründliche Zahnreinigung erfolgen, um die Milchzähne zu erhalten. Es ist äußerst wichtig für die Sprachentwicklung, die Zähne von Anfang an gesund zu erhalten, denn die Zähne bilden eine Begrenzung der Mundhöhle nach außen. Die Zunge liegt in ihrer Ruheposition dahinter am Gaumen, die Zungenspitze berührt dabei fast den Zahndamm. Fehlen die Schneidezähne als Begrenzung, rutscht die Zunge nach vorne durch, sie versucht die Lücke zu schließen. Eine falsche Zungenlage wird somit provoziert – und damit verbunden auch sprachliche Auffälligkeiten, z.B. Lispeln.

Am Anfang müssen die Eltern das Zähneputzen übernehmen, da das Kind motorisch noch nicht in der Lage ist, mit der Zahnbürste das gesamte Gebiss zu reinigen. Mit fortschreitendem Alter kann das Kind dann immer mehr die eigene Zahnpflege übernehmen. Durch die Zahnpflege wird noch ein weiterer Effekt erreicht: Die Sensibilität und die Wahrnehmung für den Mundraum nehmen zu, Lippen, Wangen, Zunge und Mundhöhle werden vom Kind bewusster wahrgenommen. Diese Wahrnehmung – wenn sie auch oft unbewusst abläuft – bildet eine Basis zum Erlernen und Vergleichen von Sprachlauten.

Falsche Gewohnheiten

Bei vielen Kindern entstehen bereits im Säuglingsalter Gewohnheiten wie Daumenlutschen, Finger- und Nägelkauen, Bettzipfellutschen, Nuckeln am Schnuller. Damit beruhigt sich das Kind oder findet Trost. Als Möglichkeit, in den Schlaf zu finden oder sich bei Missempfindungen oder Aufregungen zu trösten, sind Lutsch- oder Sauggewohnheiten bei Säuglingen lebensnotwendig. Werden aber solche Gewohnheiten über das zweite Lebensjahr hinaus beibehalten oder verstärken sich noch, kann es zu schädlichen Einflüssen auf das Gleichgewicht zwischen Kiefer, Muskulatur und Zähnen kommen. Die Entwicklung und das Wachstum des Kiefers werden dabei unterdrückt, die Entwicklung der Mundmuskulatur und die Sprachentwicklung werden gehemmt. Gegen einen Schnuller als Einschlafhilfe ist auch im zweiten Lebensjahr nichts einzuwenden, er sollte jedoch nicht als Tröster zu jeder Zeit bereitliegen. Besser für die emotionale, mundmotorische und die sprachliche Entwicklung des Kindes ist es, wenn bei Kummer oder Leid eine Bezugsperson dem Kind Trost spendet.

Wahrnehmung und Sprache

Im zweiten Lebensjahr erlernt das Kind erste Worte. Es benennt Personen und Dinge. Um diese Begriffe erlernen zu können, sind vielfältige Sinneseindrücke notwendig. Denn *Begreifen* bedeutet, Dinge wahrnehmen, mit Dingen handeln und dann den Begriff für das Ding finden. Erst wenn ich mit einem Gegenstand agieren kann und diesen erforschen darf, wird es mir ermöglicht, mir einen Begriff zu diesem Ding zu bilden. Am Beispiel Ball soll dies verdeutlicht werden: Das Kind beschäftigt sich mit unterschiedlichen runden Gegenständen; es wird diese Kugeln/Bälle zunächst mit dem Mund, dann mit der Hand untersuchen. So erfährt es etwas über Materialbeschaffenheit, Größe, Geschmack und Geruch. Das Kind probiert nun aus, wie der Ball rollt, hüpft, sich anfühlt; es sieht, wie er sich bewegt; hört, wie er am Boden aufschlägt; erfährt, was es mit diesem Gegenstand machen kann. So verinnerlicht es die spezifischen Merkmale des Balles – es *begreift* ihn und der dazugehörige *Begriff* ist gefestigt.

Der Zuwachs an Wortschatz ermöglicht es, sich mit dem Kind zu unterhalten. Bei den Gesprächen mit dem Kind ist es wichtig, es sprachlich nicht zu überfordern. Sinnvoll ist es dabei, nicht über abstrakte Dinge zu sprechen, sondern dem Kind konkret die Möglichkeit zu geben, Dinge zu erfahren: z.B. beim Kuchenbacken, beim Spülen, auf dem Spielplatz, beim Einkaufen ... Die gemachten Sinneserfahrungen können dabei vom Erwachsenen kommentiert werden. Hilfreich ist es, dem Kind dabei kurze Sätze anzubieten, Gestik und Mimik einzusetzen und ihm Zeit zum Reagieren zu lassen, damit auch Zusammenhänge hergestellt werden können. Das Kind ist in diesem Alter auch schon in der Lage, sich kurze sprachliche Anweisungen zu merken, es kann zuhören. Auch kleine Aufgaben im Haushalt werden gerne übernommen. Gut ist es, wenn die Mama oder der Papa dem Kind in einfachen Worten erklärt, was es machen soll.

In diesem Alter hat das Kind auch Freude an Versteckspielen, Suchspielen, Bilderbüchern, kleinen Fingerspielen, Versen, Reimen und Bewegungsspielen mit und ohne Musik. Sinnvoll ist es, Verse und Reime in den Tagesablauf zu integrieren, z.B. Aufweckvers, Tischgebet oder Schlaflied.

Bewegungsentwicklung und Sprache

Mit zwei Jahren ist das Kind in der Lage, feinere Bewegungen zu vollführen. Es läuft frei, hüpft, beginnt Dreirad zu fahren, rutscht die Rutsche hinunter ... Auch mit den Händen wird es geschickter, die Malentwicklung beginnt, das Kind hantiert mit »Werkzeugen«. Die motorische Entwicklung des Kindes beeinflusst auch seine Sprachentwicklung. Durch die verfeinerten motorischen Fähigkeiten gelingt es dem Kind, Wörter durch Aneinanderreihen von einzelnen Silben zu bilden und kurze Sätze zu produzieren.

Eine gute Körperhaltung wirkt sich positiv auf die gesamte Muskulatur aus und somit auch auf die Gesichtsmuskulatur; denn Grobmotorik, Feinmotorik und Mundmotorik sind eng miteinander verknüpft. Ein Beispiel:

Ein Kind hat eine schwache Körperspannung. Diese wiederum führt zu Problemen bei der Aufrichtung, das Kind muss sich häufiger abstützen, sitzt lieber, ermüdet schnell körperlich, bewegt sich ungern. Die schwache Muskelspannung führt zu Beeinträchtigungen der Schulter- und Nackenmuskulatur mit Auswirkungen auf die Kopfhaltung – und diese steht wiederum im engen Zusammenhang mit der Sprechmuskulatur.

Im Alltag können dem Kind vielfältige Bewegungsangebote geschaffen werden durch

- Spielen im Freien
- Spaziergänge
- Spielplatzbesuche
- Krabbelgruppen
- Kinderturnen
- Spielen im Sand
- Umgang mit unterschiedlichen Malfarben und Schere
- Kneten
- Fingerspiele und Krabbelverse
- Steckspiele und Fädelspiele
- Plapperspiele und Unsinnsverse
- Grimassen schneiden
- Geräusche von Tieren und Fahrzeugen nachahmen
- Kauen fester Nahrung als Bewegungstraining

Bei Kindern mit einer auffälligen Körperhaltung sind häufig auch ein offener Mund, falsche Atemgewohnheiten, falsche Kaugewohnheiten und/oder verspannte Muskulatur zu beobachten. Achten Sie deshalb darauf, dass das Kind einen Stuhl benutzt, der seiner Entwicklung angemessen ist. Der Hochstuhl (z.B. höhenverstellbarer »Tripp-Trapp-Stuhl«) sollte so beschaffen sein, dass das Kind beim Sitzen seine Füße aufstellen und die Unterarme auf der Unterlage ablegen kann. So werden Verkrampfungen vorgebeugt. Eine ungünstige Sitzposition wirkt sich ebenfalls wie oben beschrieben auf viele Bereiche, auch auf die Sprechmuskulatur aus.

Atmung und Sprache

Die natürliche Nasenatmung ist für die körperliche Entwicklung des Menschen von zentraler Bedeutung. Deshalb ist es wichtig, schon in frühester Kindheit darauf zu achten, Atemwegsinfekten vorzubeugen, z.B., indem Sie

- die natürlichen Abwehrkräfte aktivieren
- die richtige Schlafstellung anregen
- auf sinnvolle Raumtemperatur und Luftbefeuchtung achten
- Riechangebote schaffen
- falsche Gewohnheiten, wie z.B. Schnuller, Daumenlutschen, abbauen

Förderung im Kindergartenalter

Im Alter von drei Jahren ist ein Kind in seiner gesamten Entwicklung so weit fortgeschritten, dass es den Kindergarten besuchen kann. Es kann sich in kurzen Sätzen ausdrücken, so dass es von seiner Umwelt verstanden wird.

Ernährung und Sprache

Die Ernährungsgewohnheiten unterscheiden sich jetzt kaum mehr von denen Erwachsener. Durch das Milchgebiss kann das Kind abbeißen und kauen. Die motorischen Fähigkeiten ermöglichen das Essen mit Besteck und das Trinken aus dem Glas, ohne dabei zu kleckern. Auch ist das Kind nun in der Lage, sich an bestimmte Tischsitten und Regeln zu halten. Durch den erweiterten Wortschatz kann es Begriffe für Nahrungsmittel und deren Eigenschaften gebrauchen sowie Bedürfnisse wie Hunger und Durst sprachlich ausdrücken.

Es ist sinnvoll, das Kind bei der Zubereitung der Speisen, beim Brotstreichen usw. helfen zu lassen. Damit wecken Sie bei Ihrem Kind die Freude am Essen, die Sinne werden durch die unterschiedlichen Geruchs-, Geschmacks- und Tastempfindungen angeregt. Auch ein liebevoll gedeckter Tisch – hierbei kann das Kind ebenfalls schon aktiv helfen – steigert die Lust am Essen. Die Vorfreude auf die gemeinsame Mahlzeit lässt sich auch durch kleine Tischgebete oder Verse steigern. Ein beliebter Spruch bei Kindern ist dieser durch Gesten begleiteter Vers:

Rolle, rolle, rolle,	*mit den Händen Wickelbewegungen durchführen*
der Tisch, der ist so volle,	*mit den Händen auf den Tisch zeigen*
mein Bauch, der ist so leer,	*den Bauch reiben*
hab Hunger wie ein Bär.	*mit den Händen einen dicken Bauch andeuten*

Wahrnehmung und Sprache

Im Alter von drei Jahren hat das Kind bereits sehr differenzierte Wahrnehmungsleistungen. Im visuellen Bereich kann man beobachten, dass Kinder bereits Farben zuordnen und Grundfarben benennen können. Einfache Puzzlespiele werden zusammengesetzt,

Bildinhalte erkannt und beschrieben. Kinder haben Freude am Anschauen von Bilderbüchern, an Versteck- und Suchspielen. Die Unterscheidung von »viel« und »wenig« gelingt und wird sprachlich ausgedrückt, Dinge werden gezählt. Die Hörwahrnehmung ist so entwickelt, dass Kinder zuhören und sich Handlungen von kleinen Geschichten merken können. Auch Geräusche aus dem kindlichen Erfahrungsumfeld werden sicher wiedererkannt und zugeordnet, z.B. Tiere, Fahrzeuge, Haushaltsgeräte. Einfache Kinderlieder und Verse werden gemerkt und sprachlich wiedergegeben.

Fördern Sie Ihr Kind, indem Sie die Lieder und Verse, die im Kindergarten angeboten werden, zu Hause wiederholen. Erzählen Sie Gute-Nacht-Geschichten und lassen Sie das Kind miterzählen. Auch der Besuch einer Musikschule wirkt sich positiv auf die Entwicklung von Wahrnehmungsleistungen und Sprachentwicklung aus: durch Reimen, Singen, Rhythmisieren usw.

Bewegungsentwicklung und Sprache

Ab dem dritten Lebensjahr kann das Kind immer differenziertere Bewegungen vollführen. Körperkoordination, Körpergeschicklichkeit und Gleichgewicht ermöglichen jetzt schnelles Rennen, Hüpfen, Rollerfahren, Fahrradfahren mit Stützen, Balancieren, selbstständiges An- und Ausziehen. Auch die Handmotorik wird immer geschickter. Das Kind beginnt Menschen zu zeichnen – erste Kopffüßler entstehen, es schneidet mit der Schere, isst mit Messer und Gabel.

Diese motorischen Leistungen nehmen auch Einfluss auf die Sprachentwicklung. Durch die verfeinerten motorischen Fähigkeiten gelingt es dem Kind, auch längere Wörter zu bilden, die meisten Laute werden richtig ausgesprochen, kurze Sätze und auch schon kleinere Nebensätze können gebildet werden. Im Alltag bieten sich die vielfältigsten Möglichkeiten zur Förderung der Motorik an. Hilfreiche Anregungen dazu können Sie dem Kapitel Basisförderung (Seite 104) entnehmen.

Sozial-emotionale Entwicklung und Sprache

Im Alter von drei Jahren gelingt es dem Kind, sich für einen bestimmten Zeitraum von seiner Mutter zu trennen. Diese Fähigkeit bildet die Voraussetzung, sich aktiv am Kindergartenalltag zu beteiligen und sich in eine Kindergartengruppe zu integrieren. Kinder können jetzt ihre Wünsche und Bedürfnisse sprachlich so ausdrücken, dass ihr Gegenüber sie versteht. Sie knüpfen Freundschaften, lernen, Konflikte verbal zu lösen, Regeln zu akzeptieren und Misserfolge einzustecken. Kinder, die sich verbal noch nicht so gut ausdrücken können, werden versuchen, sich durch entsprechende Mimik oder Gestik (z.B. Deuten, an die Hand nehmen) bemerkbar zu machen.

Möglichkeiten, die sozial-emotionale Entwicklung zu fördern:

- Mit dem Kind sprechen und die Gefühle sprachlich ausdrücken und kurz begründen.
- Gemeinsames Spiel in der Familie – auch Regelspiele/Würfelspiele –, damit das Kind lernt, sich an bestimmte Regeln oder Reihenfolgen zu halten. Bei Regelspielen können auch (langsam!) erste Erfahrungen mit dem Verlieren gemacht werden.
- Selbstbewusstsein des Kindes stärken, indem seine Stärken hervorgehoben werden.
- Das Kind darf bei Oma und Opa oder anderen Verwandten oder Freunden eine Zeit alleine verbringen oder übernachten.
- Freundschaften ermöglichen – durch Spielen am Spielplatz, mit Nachbarkindern. Ermuntern Sie das Kind, auch alleine beim Freund/der Freundin zu bleiben.
- Teilnahme an Krabbelgruppen und Spielgruppen, damit das Kind lernt, sich langsam von seiner Bezugsperson zu lösen.
- Dem Kind ermöglichen, Konflikte selbst zu lösen – z.B. bei kleinen Streitereien auf dem Spielplatz.

Selbstständigkeitsentwicklung und Sprache

Mit drei Jahren ist das Kind in der Lage, selbstständig Dinge des alltäglichen Lebens zu erledigen. Es kann seine Hände waschen und wieder abtrocknen, möchte alleine zur Toilette gehen, kann einzelne Kleidungsstücke selbstständig an- und ausziehen. Das Kind spürt jetzt, wann die Nase läuft und auch das Naseputzen gelingt bereits. Die Selbstständigkeitsentwicklung ist eng an die Sprachentwicklung und die motorische Entwicklung gekoppelt. Einerseits muss das Kind motorisch in der Lage sein, differenzierte Bewegungsmuster auszuführen, die z.B. zum Anziehen, Brotstreichen etc. notwendig sind. Andererseits muss es ihm aber auch möglich sein, die Wünsche und Bedürfnisse, die es hat, verständlich zu machen – und am schnellsten geht das nun einmal über verbale Äußerungen. Auch muss das Kind in der Lage sein, sprachliche Aufforderungen zu verstehen. Unterstützen Sie Ihr Kind, indem Sie ihm möglichst frühzeitig Gelegenheiten bieten, die Dinge des täglichen Lebens selbstständig zu verrichten. Formulieren Sie die dazugehörenden verbalen Aufforderungen knapp, damit das Kind den Auftrag auch komplett ausführen kann. Aufträge wie »Jetzt gehst du ins Bad, putzt die Zähne und ziehst den Schlafanzug an« sind dabei für ein drei- bis vierjähriges Kind oft zu lang, denn dieser eine Auftrag umfasst:

Gehe ins Bad. Nimm die Zahnbürste aus dem Zahnputzbecher. Öffne den Wasserhahn und fülle den Becher mit Wasser. Schließe den Wasserhahn. Schraube die Zahncreme auf und drücke die Zahncreme auf die Zahnbürste. Putze die Zähne. Spüle den Mund aus. Trockne den Mund ab. Geh in dein Zimmer. Zieh dich aus. Lege die ausgezogenen Kleider ab. Hole den Schlafanzug. Ziehe den Schlafanzug wieder an.

Sie sehen, was so ein einfacher Auftrag alles beinhaltet – und welche Gedächtnisleistung von einem Kind verlangt wird, wenn es diesen Auftrag richtig ausführen soll. Formulieren Sie also einfache, kurze Aufträge.

Situationen, die die Selbstständigkeitsentwicklung fördern, ergeben sich

- beim An- und Ausziehen
- beim Toilettegehen
- bei der Körperpflege einschließlich dem Zähneputzen
- beim Essen und dem Zubereiten des Essens
- beim Packen der Kindergartentasche
- beim Ausführen kleiner Botengänge (z.B. im Keller etwas holen)
- beim Einkaufen (z.B. bestimmte Lebensmittel in den Einkaufswagen legen lassen)

Wann sollten Sie Hilfe suchen?

> In diesem Kapitel erfahren Sie, worauf Sie bei der Aussprache Ihres Kindes achten müssen. Welche Sprechfehler sind in welchem Alter noch erlaubt? Worauf müssen Sie aufpassen? Wann sollten Sie die Sprache des Kindes vom Fachmann überprüfen lassen?

Beginnen wir mit der Beantwortung der letzten Frage: *Immer*, wenn Eltern den Verdacht haben, dass ein Kind nicht richtig spricht, sollten sie es an einer geeigneten Beratungsstelle überprüfen lassen. Ist damit dieses Kapitel schon beendet? Nein! Wir wollen Ihnen Hilfen geben, die Aussprache Ihres Kindes selbst zu beurteilen. Aber wir betonen noch einmal: *Immer*, wenn der Verdacht auf eine Sprachstörung besteht, suchen Sie bitte sofort eine Beratungsstelle auf! Warum ist diese Erstberatung so eilig? Weil den pädagogischen Notwendigkeiten immer organisatorische Schwierigkeiten gegenüberstehen.

Nehmen wir als Beispiel ein fünfjähriges Kind, das Probleme mit der Aussprache des |sch| hat und außerdem das |r| noch nicht bilden kann. Die Eltern denken zwar daran, dies eines Tages eventuell behandeln zu lassen, da sie aber gehört haben, dass es sich hierbei um schwierige Laute handelt, die ein fünfjähriges Kind noch gar nicht sicher können muss, lassen sie sich noch etwas Zeit. Nach einem halben Jahr werden sie doch etwas nervös und beschließen, das Kind an einer Sprachheilschule zur Überprüfung vorzustellen. Dort bekommen sie einen Termin, der ist aber erst in einigen Wochen. Bei der Überprüfung wird dann festgestellt, dass das Kind die beiden Laute immer noch nicht kann, und den Eltern wird empfohlen, das Kind für eine ambulante Sprachtherapie vormerken zu lassen. So weit, so gut, aber als sie fragen, wann denn diese Therapie beginnen könne, erfahren sie, dass sie mit einer Wartezeit von mindestens einem halben Jahr rechnen müssen. Schneller wird kein Therapieplatz frei. Sie lassen das Kind vormerken und versuchen parallel, einen Therapieplatz bei einer Logopädin zu erhalten. Dort erfahren sie aber, dass die Wartezeit mindestens genauso lang ist, da auch bei der Logopädin viele Kinder auf der Warteliste stehen.

Sie sehen an diesem Beispiel, was oben gemeint war mit den organisatorischen Schwierigkeiten, die den pädagogischen Notwendigkeiten entgegenstehen: Notwendig wäre im genannten Fall eine sofortige Therapie, möglich ist diese aber erst viele Monate nach der Erstvorstellung, weil überall lange Wartelisten bestehen. Das Kind im genannten Beispiel wird also erst nach seiner Einschulung mit der Therapie beginnen können. Und das ist doppelt schlecht: Erstens kommt das Kind mit einer fehlerhaften Lautbildung in die Schule und zweitens hat es als Schulkind mit der Therapie viel größere Terminschwierigkeiten, da es jetzt ganz andere Verpflichtungen hat als früher zur Kindergartenzeit.

An den Sprechfehlern des genannten Kindes lässt sich noch ein wichtiger Unterschied erklären: »... ein fünfjähriges Kind, das Probleme mit der Aussprache des |sch| hat und außerdem das |r| noch nicht bilden kann ...« Wenn wir hier vom |r| und vom |sch| reden, handelt es sich um gesprochene Sprache. Das |r| und das |sch| sind also Laute und *keine* Buchstaben. Versuchen Sie daher, sich die gedruckten Buchstaben immer als *Laut* zu denken. Das |sch| ist also der Laut, wie er z.B. in *Schule* gesprochen wird, es ist kein Ess-tse-ha! Auch das |r| ist der Laut, den man z.B. bei *Rudi* spricht, es ist kein Err! Versuchen Sie, diese Denk- bzw. Sprechweise immer dann beizubehalten, wenn es im Verlaufe dieses Buches um die gesprochenen Laute geht! Für Kinder ist es sehr verwirrend, wenn Erwachsene von Err reden, wo sich doch der erste Laut bei »Rudi« ganz anders anhört. Die dem tatsächlichen Laut entsprechende Aussprache wird im Unterschied zum Buchstabieren *Lautieren* genannt.

Buchstabieren	**Lautieren (Beispielwort)**	**Buchstabieren**	**Lautieren (Beispielwort)**
a	a	o	o
be	b (Ball)	pe	p (Post)
tse	ts (Cäsar)	qu	kw
de	d (Dose)	err	r (Rad)
e	e	ess	s (Sonne)
eff	f (Fenster)	te	t (Tisch)
ge	g (Geige)	u	u
ha	h (Haus)	vau	f (Vogel), w (Vase)
i	i	we	w (Wasser)
jott	j (Jäger)	iks	ks (Xaver)
ka	k (Kamel)	zett	ts (Zaun)
ell	l (Lampe)	tse-ha	ch (ich)
emm	m (Maus)	ess-tse-ha	sch (Schiff)
enn	n (Nuss)	pe-eff	pf (Pfanne)

Auch beim Lesenlernen ist es für die Schulkinder wichtig zu lautieren, da sie beim Buchstabieren ja meist zwei Laute zu hören bekommen. Dies stiftet Verwirrung für den Leseanfänger! Um den Unterschied zwischen Laut und Buchstaben zu verdeutlichen, sind Laute in diesem Buch mit zwei Strichen besonders gekennzeichnet: Der Laut |b| ist eben etwas anderes als der Buchstabe B (BE).

Wir werden Ihnen nun eine Hilfe an die Hand geben, mit der Sie versuchen können, die Aussprache Ihres Kindes zu überprüfen. Diese Hilfe kann nur eine sehr grobe Messlatte sein, da sich die kindliche Sprache ja ständig weiterentwickelt.

Die endgültige Entscheidung, ob ein Aussprachefehler bei einem Kind in einem bestimmten Alter noch »normal« ist oder ob das Kind eine Sprachtherapie braucht, muss dem Fachmann überlassen bleiben.

Sprachprüfung

Wir gehen bei dem nachfolgenden Prüfbogen davon aus, dass die Aussprache eines vierjährigen Kindes überprüft werden soll. In diesem Alter ist die Sprache nämlich so weit entwickelt, dass die Aussprache der Laute weitgehend fehlerfrei sein sollte.

Sprechen Sie dem Kind die einzelnen Wörter vor. Das Kind spricht die Wörter nach und Sie kreuzen an, ob das Kind die Laute richtig oder falsch gebildet hat. Neben den Prüfwörtern geben wir Beispiele für mögliche Fehler. Es kann natürlich auch sein, dass Ihr Kind ein Wort ganz anders ausspricht. Auch ist es möglich, dass ein zu prüfender Laut ganz ausgelassen wird. Für Sie ist nur die Unterscheidung in richtige Aussprache (dann bitte + in letzte Spalte eintragen) oder falsche Aussprache (dann bitte – in letzte Spalte eintragen) wichtig.

Protokollbogen zur Überprüfung der Aussprache

Laut	Prüfwörter	Beispiele für Fehler	+/-
b	Ball, Baby		
ch	Küche, ich	Küke, Küse, Küsche, Küde, is, isch, ik, it	
ch	Kuchen, Dach	Kuden, Kuken, Kusen, Das, Dat, Dak	
d	Daumen, Feder	Baumen, Gaumen, Feger	
f	Fahne, Affe, Hof	Bahne, Dahne, Sahne, Abbe, Asse, Adde, Hos, Hod, Hob	
g	gehen, Wagen	dehen, sehen, behen, Waden, Waben, Waken	
h	Hund	Bund, Mund	
j	Jacke	Lacke, Racke, Wacke	
k	Kind, Decke, Sack	Tind, Tette, Sat	
l	Licht, Welle, Ball	Wicht, Richt, Jicht, Weje, Baj	
m	Maus, Oma, Baum		
n	Nuss, Kanne, Bein	Duss, Kadde, Beim	
ng	singen, Ring	sinnen, Rinn	
p	Peter, Puppe, hopp		
pf	Pfanne	Panne, Fanne, Tanne, Sanne	
r	Riese	Wiese, Jiese, Hiese, Liese	
t	Tor, Blüte, Hut	Por, Kor, Blüke, Huk	
w	Wolle	Bolle, Solle	
s	Sonne, Wiese, Eis	Donne, Gonne, Wiede, Wiege, Eig, Eid	
sch	Schule, Fische, Tisch	Dule, Sule, Gule, Fisse, Fidde, Figge, Tiss, Tig, Tit	

bl	blau	bau, lau, dlau, slau	
br	braten	baten, bjaten	
dr	drei	dei, djei	
fl	Fliege	Fiege, Biege	
fr	froh	foh, fjoh, soh	
gl	glatt	datt, gatt	
gn	Gnade	Nade, Gade	
gr	groß	goß, gjoß, doß	
kl	klein	lein, tlein, tein	
kn	Knopf	Bopf, Nopf, Topf	
kr	Kreis	Teis, Keis, Kjeis	
ks	boxen	bozen, boten	
kw	Quatsch	Watsch, Twatsch	
nk	danke	dante	
pfl	Pflaume	Pfaume, Laume, Baume, Slaume	
pl	Platz	Latz, Patz	
pr	Probe	Pobe, Pjobe	
tr	Treppe	Teppe, Tjeppe, Beppe	
schl	schlafen	slafen, flafen, dafen, lafen	
schm	schmecken	smecken, fmecken, becken, mecken	
schn	schneiden	sneiden, fneiden, beiden, neiden	
schr	schreiben	sreiben, freiben, beiben, reiben, leiben	
schw	schwimmen	swimmen, fwimmen, bimmen, wimmen	
ts	Zahn	Tahn, Sahn	
st	Kasten	Katten, Katsen, Kaften	
tsw	zwei	twei, bei, fei	

Im Anhang finden Sie einen weiteren Protokollbogen für eine spätere Überprüfung.

Auswertung des Protokollbogens

Das Kind ist 4 Jahre alt

Wenn Sie nun den abgebildeten Prüfbogen durchgearbeitet haben, geht es an die Auswertung. Wenn Sie die Aussprache eines vierjährigen Kindes überprüft haben, dürfen hinter den fett gedruckten Lauten auf Seite 48 nur Pluszeichen zu sehen sein, das heißt, alle dazugehörigen Prüfwörter muss das Kind richtig aussprechen können. Sollte im Bereich der fett gedruckten Laute auch nur ein Minuszeichen auftauchen, gehen Sie mit dem Kind bitte zu einer Beratungsstelle. Auch wenn Ihnen in diesem Bereich Laute auffallen, die unsauber klingen oder bei denen die Zunge zwischen den Zähnen zu sehen ist (siehe rechts »Worauf Sie noch achten müssen«), nehmen Sie bitte eine fachliche Beratung in Anspruch. Auch die Konsonantenverbindungen (die Laute sind im Prüfbogen *nicht* fett gedruckt, Seite 49) sollte ein vierjähriges Kind weitgehend richtig bilden können. In diesem Bereich dürfen höchstens zwei bis drei Minuszeichen bei Verbindungen mit |r| und |sch| auftauchen! Werden mehr Konsonantenverbindungen falsch ausgesprochen, gehen Sie bitte zur Beratung!

Sie können den Prüfbogen natürlich auch für ältere oder jüngere Kinder benutzen. Dann sind die Kriterien entsprechend strenger oder lockerer.

Das Kind ist 5 Jahre oder älter

Kinder, die fünf Jahre oder älter sind, müssen *alle* Wörter auf diesem Prüfbogen richtig aussprechen können! Erscheint auch nur ein Minuszeichen auf dem Protokoll, sollten Sie auf jeden Fall eine Überprüfung beim Fachmann einleiten. Achten Sie bei Kindern in diesem Alter besonders streng auf die richtige Bildung von |s| und |sch|! Sollte beim |s| die Zunge zu sehen sein oder sollten |s| und |sch| unsauber klingen, ist dies auf jeden Fall therapiebedürftig.

Das Kind ist 3 Jahre alt

Bei einem Dreijährigen muss die Aussprache noch nicht ganz so perfekt sein. Es muss das |r| noch nicht bilden können. Auch wenn es anstatt |sch| ein |s| spricht, ist dies noch in Ordnung. Unsauberkeiten beim |s| sind ebenfalls noch nicht so kritisch zu betrachten. Wenn |r| und |sch| nicht richtig gesprochen werden können, gibt es natürlich auch Minuszeichen bei den zugehörigen Konsonantenverbindungen. Damit sind maximal drei Minuszeichen im Bereich der fett gedruckten Laute erlaubt. Bei mehr als drei Minuszeichen in diesem Bereich sollten Sie eine Beratung in Anspruch nehmen.

Für Kinder, die jünger als drei Jahre sind, möchten wir hier keine Empfehlung abgeben. Denn je jünger ein Kind ist, desto schwieriger ist die Beurteilung der Sprache. Hier ist Fachpersonal gefragt. Ist Ihr Kind jünger als drei Jahre, stellen Sie es – falls Sie Sorgen wegen der Sprachentwicklung haben – am besten bei einer Frühförderstelle vor.

Worauf Sie noch achten müssen:

Hinhören!

Wir haben in der Prüfliste keine Wörter zur Überprüfung von Selbstlauten angegeben. Achten Sie also nebenbei darauf, dass Ihr Kind die Selbstlaute |a| – |e| – |i| – |o| – |u| sowie die Um- und Doppellaute |ä| – |ö| – |ü| – |au| – |ei| – |ei| richtig ausspricht. Außerdem sollten Sie genau hinhören: Kommt bei |m| – |n| – |ng| die Luft unbehindert durch die Nase oder klingt die Aussprache wie bei einem starken Schnupfen? Falls die Aussprache nach Schnupfen klingt, sollten Sie diese Laute in der Kontrollspalte als Fehler markieren!

Einige Sprechfehler kann man nicht so gut heraushören, man kann sie aber

Hinsehen!

Noch einmal hinhören!

deutlich sehen. Es gibt einige Laute, bei denen viele Kinder die Zunge zwischen den Zähnen hervorstrecken. Besonders häufig ist dies beim s der Fall. Es kann aber auch bei |r| – |l| – |n| – |d| – |t| vorkommen. Falls bei den genannten Lauten die Zunge zwischen den Zähnen hervorschaut, sollten Sie die entsprechenden Laute in der Kontrollspalte als Fehler markieren.

Bei |s| und |sch| gibt es noch eine Fehlbildung, die man schriftlich sehr schlecht erklären kann. Dabei entweicht die Luft nicht in einer mittleren Rinne aus dem Mund, sondern sie bläst seitlich in die Wangen. Die Laute klingen dadurch sehr stumpf, die Aussprache wird unangenehm entstellt. Achten Sie also bei der Aussprache von |s| und |sch| auch auf den reinen, scharfen Klang der Laute. Falls die Aussprache dieser Laute also dumpf (hölzern) klingt, markieren Sie diese als Fehler.

Näseln

Stichwort »Näseln«

Beim Näseln handelt es sich um eine Veränderung des Stimmklanges. Der hintere Teil des Gaumens – er besteht aus einer beweglichen Muskelplatte und wird Gaumensegel oder weicher Gaumen genannt – ist aktiv an der Lautgebung beteiligt. Wenn, wie oben beschrieben, bei den Lauten |m| – |n| – |ng| zu wenig Luft durch die Nase geht, die Aussprache also wie bei einem Schnupfen klingt, spricht man von *geschlossenem Näseln.* Bei einem regulären Schnupfen ist dies ein normaler Zustand, der wieder vergeht. Hat Ihr Kind aber häufig oder immer diese »Stockschnupfensprache«, sollten Sie es auf jeden Fall fachärztlich untersuchen lassen.

Geht beim Sprechen zu viel Luft durch die Nase, spricht man von einem *offenen Näseln.* Viele Laute klingen dann unscharf und verwaschen. Die Ursachen hierfür können unterschiedlicher Art sein. So haben z.B. manche Kinder mit einer Gaumenspalte (auch nach der Operation) noch Probleme mit der richtigen Luftführung. Auch falsche Sprechgewohnheiten oder ein zu kurzes oder zu schwaches Gaumensegel können zu offenem Näseln führen. Ebenso können motorische Störungen oder zu wenig Körperspannung Näseln begünstigen. Wenn Sie feststellen, dass bei Ihrem Kind beim Sprechen zu viel Luft durch die Nase entweicht, ist ebenfalls eine fachärztliche Untersuchung nötig.
Bei jeder Art von Näseln sind zunächst alle Spiele für die Bewegungsförderung und die Spiele für die Sprechwerkzeuge besonders wichtige Fördermöglichkeiten. Weitere Anregungen zu diesem Thema finden Sie in den Kapiteln »Basisförderung« (riechen/ Stichwort Polypen) und »Spiele für die Sprechwerkzeuge« (Nasenatmung).

Wo bekommen Sie Hilfe?

Hier erfahren Sie, an wen Sie sich wenden können, wenn Sie feststellen, dass Ihr Kind nicht richtig spricht.

Kindergarten, Kinderarzt

Wenn Sie als Eltern feststellen oder befürchten, dass Ihr Kind nicht richtig spricht, sollten Sie sich zunächst an diejenigen wenden, die gut über kindliche Entwicklungsschritte Bescheid wissen und die Ihr Kind auch tatsächlich kennen. Nur dadurch ist der Vergleich Ihres Kindes mit Gleichaltrigen möglich. Besprechen Sie sich also zunächst mit dem Personal Ihres Kindergartens und mit Ihrem Kinderarzt. Diese Ansprechpartner können Ihnen bei Bedarf die Stellen nennen, bei denen Sie eine eingehende Überprüfung und Beratung möglich ist.

Beratung

Bei der vom Kindergarten oder Kinderarzt genannten Stelle lassen Sie sich dann einen Beratungstermin geben. Dieser ist zunächst völlig unverbindlich und verpflichtet Sie zu keinen weiteren Maßnahmen. Nach erfolgter Diagnostik und Beratung erhalten Sie einen Vorschlag, was Sie zur Förderung Ihres Kindes unternehmen sollen.

Therapie

Möglicherweise genügt sogar diese einmalige fachliche Beratung und es sind keine zusätzlichen Schritte angezeigt. Falls weitere Maßnahmen notwendig sind, können Sie das Kind dann für eine Therapie vormerken lassen.

Natürlich können sich Eltern auch zu jeder Zeit ohne Absprache mit Kindergarten oder Kinderarzt um eine fachpädagogische oder logopädische Beratung bemühen. Es gibt ganz unterschiedliche Stellen, die sich mit der Beratung und Förderung von sprachauffälligen Kindern befassen. Zunächst gibt es Unterschiede in den einzelnen Bundesländern. Aber auch innerhalb eines Bundeslandes sind regionale Unterschiede dafür verantwortlich, dass unterschiedliche Stellen für die Sprachtherapie zuständig sind. Aus diesem Grund macht es keinen Sinn, an dieser Stelle konkrete Adressen zu nennen. Die Liste wäre unendlich lang und nach kürzester Zeit nicht mehr aktuell.

Anlaufstellen

Anstelle von konkreten Adressen finden Sie im Anhang die Bezeichnungen für Institutionen, die für Sprachtherapie qualifiziert sind. Die jeweiligen Anschriften lassen sich dann leicht im Telefonbuch oder im Internet heraussuchen.

Welche Kosten entstehen, wenn ich Hilfe in Anspruch nehme?

Kinderärzte/Fachärzte

Kosten werden von der Krankenkasse übernommen.

Sozialpädiatrische Zentren

Diese Zentren bieten ausführliche Entwicklungsdiagnostik, Beratung und Therapie für alle Kinder, deren Entwicklung auffällig verläuft. Notwendig dazu ist eine Überweisung vom zuständigen Kinderarzt oder Hausarzt. Die Kosten übernimmt die Krankenkasse.

Frühförderung in einer Frühförderstelle

Anspruch auf Frühförderung haben alle Kinder, die von einer Behinderung betroffen oder bedroht sind bzw. deren Entwicklung verzögert verläuft. Die Eltern stellen einen Antrag auf Frühförderung. Die Frühförderung erfolgt in der Regel einmal wöchentlich. Es gibt sowohl heilpädagogische Maßnahmen als auch medizinische Maßnahmen, wie z.B. Logopädie. Die Kosten werden vom zuständigen Sozialhilfeträger oder der Krankenkasse getragen, den Eltern entstehen in der Regel keine Kosten.

Mobile sonderpädagogische Hilfen im Kindergarten

Diese Leistungen werden von Förderschulen oder Förderzentren erbracht. Mobile Dienste bieten in Kindergärten Beratung, Diagnostik und Hilfen für betroffene Kinder. Diese Hilfen sind zeitlich beschränkt, häufig finden sie einmal wöchentlich statt. Den Eltern entstehen keine Kosten.

- **Logopädie**

Diese medizinische Leistung unterliegt der Heilmittelverordnung. Sie brauchen hierzu eine entsprechende ärztliche Verordnung. Die Kosten richten sich nach den jeweiligen Vereinbarungen mit der zuständigen Krankenkasse.

- **Förderung im Kindergarten einer Förderschule/eines Förderzentrums**

Die Kinder besuchen die Fördereinrichtung entweder halbtags oder ganztags. Für die Kosten gibt es keine einheitliche Regelung. Beiträge wie im Kindergarten sind durchaus möglich.

Teil 2

So können Sie Ihr Kind selbst fördern

In diesem Teil erfahren Sie, wie Sie die Aussprache und ein gutes Sprechvermögen des Kindes auf vielfältige Weise unterstützen können. Sie finden abwechslungsreiche Spiele für

- Hörwahrnehmung
- Bewegungsförderung
- Sinneswahrnehmung
- Atmung
- Sprechwerkzeuge

Bevor wir Ihnen vorstellen, wie Sie die Sprache eines Kindes als Laie selbst fördern können, sollten Sie wissen, was Sie *nicht* tun sollen: Wenn Sie festgestellt haben, dass ein Kind bestimmte Laute nicht oder nicht richtig ausspricht, versuchen Sie bitte nicht, ihm diese Laute selbst beizubringen. Dies kann im Einzelfall gelingen, meist wird der Versuch aber scheitern. Häufiges Verbessern und Nachsprechenlassen verunsichern das Kind und können dazu führen, dass es für die spätere Therapie blockiert ist. Überlassen Sie die konkrete sprachtherapeutische Arbeit bitte den Fachleuten. Fördern Sie selbst »nur« die Bereiche, die wir im Folgenden erklären. Damit schaffen Sie eine gute Basis für die richtige Aussprache Ihres Kindes.

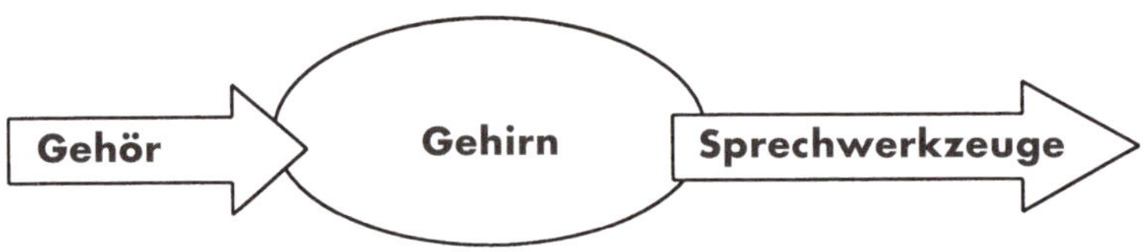

Wenn Sie sich die schematische Darstellung der Sprache, wie sie schon in der Einleitung dargestellt wurde, noch einmal betrachten, sehen Sie zwei Richtungen, aus denen man die Sprache des Kindes fördern kann: die Sprachwahrnehmung und die Sprachsteuerung. Einerseits sollten also Anregungen angeboten werden, die die sprachlichen Fähigkeiten über das Gehör fördern, andererseits sollten die Sprechwerkzeuge selbst trainiert werden. Betrachtet man unser Gehirn als Computer, der alles – egal ob Eingabe oder Ausgabe – steuern muss, wird klar, dass jede Förderung, die man dem Gehirn ganz allgemein zukommen lässt, auch die Sprache des Kindes fördert. Eine solche Basisförderung bieten Spiele für die Atmung, zur Bewegungserziehung und zur Sinnesschulung.

Bedenken Sie aber bitte, dass die schematische Darstellung von Eingabe (Gehör) – Verarbeitung (Gehirn) – Ausgabe (Sprechwerkzeuge) nur ein vereinfachtes Modell ist, denn wenn wir hören, sehen, sprechen, uns bewegen, dann tun wir dies ganzheitlich. Daher sollten Sie Spiele aus *allen* Teilbereichen heraussuchen.

Spiele zum Hören

In diesem Kapitel erfahren Sie, wie Sie bei Kindern die Unterscheidungsfähigkeit für Gehörtes und die Sprachwahrnehmung trainieren können. Dies ist eine wichtige Voraussetzung für die Unterscheidung und richtige Aussprache von Sprachlauten. Die Spielanregungen sind vom Einfachen zum Schwierigen angeordnet.

Spiele mit Geräuschen

Geräusche bewusst wahrnehmen

Machen Sie Ihr Kind bewusst aufmerksam auf Geräusche seiner Umwelt: Wassertropfen, Regen, Wind, Vogelgezwitscher, Hundegebell und andere Tierstimmen, Stimmen von Menschen, Herzschlag, Autos und andere Fahrzeuge, Geschirr, Gläser, Papier, Blechdosen, Herbstlaub ... Diese einfache, aber wichtige Anregung können Sie in unterschiedlichen Schwierigkeitsstufen anbieten:

1. Stufe
Machen Sie dem Kind die Geräusche bewusst, indem Sie es auf die Geräusche dann hinweisen, wenn sie gerade *wirklich* zu hören sind. Dazu bieten sich Alltagssituationen an wie z.B. Hausputz, Kochen, Spaziergänge, Besuch auf dem Bauernhof, Spielplatz, Zoo, beim Einkaufen ... Man kann diese Höreindrücke auch in kleine Spiele verpacken:

ICH HÖRE WAS UND DAS IST …

Mama und Kind sitzen auf der Terrasse/Balkon/Garten/am offenen Fenster. Mama macht den Vorschlag: »Ich sage dir, was ich höre, und du darfst dort hinzeigen. Ich höre ein Auto …« – Kind zeigt zum Auto, anschließend werden die Rollen getauscht.

2. Stufe

Benennen Sie Geräusche mit den typischen Ausdrücken:

das Wasser plätschert
der Vogel zwitschert
der Hund bellt, heult, kläfft, …
der Löwe brüllt
der Hahn kräht
die Henne gackert
die Ente schnattert
das Herz klopft
das Auto brummt
das Moped knattert

das Papier knistert
das Laub raschelt
die Bremse quietscht
das Blech scheppert
das Telefon klingelt
der Zweig knackt
das Baby schreit
die Kinder lachen
die Glocke klingelt, läutet, …
die Sirene heult

Geräusche wiedererkennen

Diese Spielmöglichkeiten sind die Fortsetzung der vorherigen, jedoch mit gesteigerter Schwierigkeit:

3. Stufe

Machen Sie das Kind auf die Geräusche aufmerksam und lassen Sie es die Geräusche *selbst benennen.* (Beispielsätze siehe 2. Stufe)

4. Stufe

Nehmen Sie Geräusche auf Kassette auf. Sie können sie dann zu jeder Zeit abspielen. Das Kind darf die Geräusche *erkennen und benen-*

nen. Spielvariante: Das Kind darf zu den Geräuschen Bilder malen. Beim Wiedererkennen eines Geräusches wird ein Spielstein auf das entsprechende Bild gelegt.

ICH HÖRE WAS, WAS DU AUCH HÖRST

Einer in der Runde – zuerst am besten ein Erwachsener – darf beginnen und ein Hörrätsel stellen, und zwar mit Dingen, die real im Raum sind und Geräusche erzeugen können: »Ich höre was, was du auch hörst, und das tickt.« Die Mitspieler erraten den gesuchten Gegenstand. Wer als Erster das gesuchte Objekt errät, darf das nächste Hörrätsel stellen.
Variation: Mit Geräuschen, die auf eine Kassette aufgenommen wurden.

Einfach beginnen, die Schwierigkeit langsam steigern: So bleibt die Spielfreude erhalten.

Solche Geräuschspiele gibt es auch im Spielwarenhandel zu kaufen, z.B. *Papperlapapp* von HABA.

Geräusche und Klänge selbst erzeugen

Bieten Sie den Kindern vielfältige Möglichkeiten auszuprobieren, wie man Geräusche erzeugen kann.

ICH MACHE WAS VOR – UND DU MACHST ES NACH

Die Mutter stellt ein Geräusch vor, das Kind macht es nach, dann werden die Rollen getauscht. Man spielt

- mit den »Körperinstrumenten«: in die Hände klatschen, mit den Fingern schnalzen, auf die Schenkel patschen, mit den Füßen stampfen, Geräusche mit dem Mund machen
- mit improvisierten »Instrumenten«: mit Herbstblättern rascheln, mit Papier knistern, mit Steinen klappern, mit Hölzern scheppern

- mit Alltagsgegenständen: Schüsseln, Töpfe, Gläser zum Klingen bringen, mit Besteck klappern, Geräusche mit einem Stuhl machen
- mit selbst gebauten Instrumenten: Zupfinstrument aus Schachtel und Gummi basteln, Rasselbüchsen aus leeren Joghurtbechern mit unterschiedlichem Inhalt, Schachteln mit Steinen etc. füllen. Spielanregung dazu: Heute gibt es Hausmusik und jeder überlegt sich dazu ein selbst gebautes Instrument
- mit Musikinstrumenten: Triangel, Trommel, Rassel, Glockenspiel, Hupen, Tröten ...
- mit einem Glockenspiel mit verschiedenfarbigen Tönen: Jeder Ton klingt anders!

Auf viele Geräusch- und Klangmöglichkeiten werden die Kinder vielleicht nicht selbst kommen. Deshalb ist es wichtig, dass Sie mit ihnen experimentieren: ausprobieren lassen, vormachen, nachmachen lassen. Sie können Ihrer Fantasie dabei freien Lauf lassen. Überlegen Sie mal, welche Geräusche sich mit einem Stuhl produzieren lassen: ihn über den Boden schieben, ihn aufstampfen, auf die Sitzfläche/Lehne klopfen, über die Sitzfläche/Lehne mit den Fingernägeln kratzen, mit der flachen Hand über die Fläche rutschen – dann quietscht es ...

Rasselbüchsen lassen sich aus leeren Joghurtbechern oder Flaschen in unendlichen Variationen basteln. Füllen Sie die Becher mit kleinen Mengen unterschiedlicher Materialien: Nägel, Schrauben, grober Sand, feiner Sand, Büroklammern, Erbsen, Linsen, Bohnen, Zucker ... Zum Verschließen der Becher können Sie stabiles Papier oder Folie nehmen oder aber Sie kleben immer zwei Becher gegeneinander, dann werden es größere Büchsen. Kleinere Büchsen lassen sich auch aus leeren Filmdosen, Vitamintablettenröhren u.Ä. herstellen.

Geräusche und Klänge vergleichen

Bei den nachfolgenden Spielen sollen einerseits die Geräusche und Klänge unterschieden werden, es sollen aber auch unterschiedliche Klangqualitäten erkannt werden: laut – leise, hoch – tief, lang – kurz. Auch kann auf die Häufigkeit eines Geräusches oder Klanges geachtet werden. Schließlich sollen sich die Kinder Folgen von mehreren Geräuschen oder Klängen merken.

Für die Spiele in diesem Kapitel sind die Vorschläge der Seiten 59–62 eine notwendige Voraussetzung, damit die Kinder auf dieser Basis weiter aufbauen können.

Unterscheiden

Die Erwachsenen machen die Geräusche/Klänge vor, während das Kind die Augen geschlossen hält. Das Kind soll die Geräusche/Klänge nachmachen oder zeigen, was es gehört hat. Folgende Spiele eignen sich dafür:

GERÄUSCHE RATEN

Alle Mitspieler versammeln sich im Kreis. Einer darf ein Geräusch vormachen, alle anderen hören es an, ohne hinzuschauen. Anschließend dürfen alle der Reihe nach versuchen, das Geräusch nachzumachen. Wer es richtig erraten hat, gibt als Nächster ein Geräusch vor. Schwieriger wird das Spiel, wenn nicht nur ein Geräusch, sondern eine ganze Geräuschereihe erraten werden soll. Für dieses Spiel eignen sich alle nachfolgenden Variationen (vgl. Spiel »Ich mache was vor – du machst es nach« auf Seite 61):

- mit den »Körperinstrumenten« → *Welches Körperteil hast du gehört? Mache es mir vor oder zeige darauf!*

Erkennst du das Geräusch? Womit wurde es erzeugt? Eine Maske hilft, wenn die Augen nicht von selbst geschlossen bleiben wollen.

- mit improvisierten »Instrumenten« → *Was hast du gehört?*
- mit Alltagsgegenständen → *Welchen Gegenstand hast du gehört? Mach das Geräusch nach oder zeige mir den Gegenstand oder erzähle mir, welcher Gegenstand das Geräusch gemacht hat.*
- mit selbst gebauten Instrumenten → *Welches Instrument hast du gehört? Mach das Geräusch nach.*
- die Rasselbüchsen mit verschiedenen Farben bemalen → *Welche Farbe hat gerasselt?*
- mehrere doppelte Rasselbüchsen, z.B. aus Filmdosen. So kann ein einfaches Geräuschememory hergestellt und gespielt werden. Sinnvoll ist es, zu Beginn nicht mehr als vier Geräuschpaare als Spiel anzubieten und die Menge zu steigern. Die Spielregel orientiert sich am normalen Memory, jeder Spieler darf der Reihe nach immer zwei Dosen schütteln, sind die Geräusche gleich, ist das Paar gewonnen. Der Spieler darf noch einmal schütteln und raten → *Welche Dosen klingen gleich?*
- mit Musikinstrumenten → *Welches Instrument hast du gehört?*
- beim Glockenspiel mit verschiedenfarbigen Tönen → *Welchen Ton hast du gehört?*

Vergleichen

Die Erwachsenen machen wiederum die oben genannten Geräusche vor, jetzt braucht das Kind die Augen nicht mehr schließen. Erklären Sie, dass man ein Geräusch laut oder leise erzeugen kann. Dann werden die unterschiedlichen Geräusche in verschiedenen Lautstärken vorgemacht, das Kind darf die Geräusche in der entsprechenden Lautstärke nachmachen.

Merken
Wiederum werden die oben genannten Geräusche vorgegeben, jetzt soll das Kind sich merken, wie oft ein Geräusch vorgemacht wurde. Die Häufigkeit wird nicht benannt, sondern das Geräusch so oft nachgemacht, wie es vorgemacht wurde. Die Merkfähigkeit steigert sich mit dem Alter des Kindes:

> Ein dreijähriges Kind sollte sich drei Wiederholungen merken können.
> Ein vierjähriges Kind sollte sich vier Wiederholungen merken können.
> Ein fünfjähriges Kind sollte sich fünf Wiederholungen merken können.

Bei den Merkspielen kann man auch mit verschiedenen Geräuschen arbeiten: Es geht dann nicht mehr darum, wie oft sie erzeugt wurden, sondern in welcher Reihenfolge sie gekommen sind. Für diese Anregung werden wieder die bereits bekannten Geräusche benutzt, man hat also alle »Instrumente« schon zur Verfügung. Während Sie Geräuschfolgen vormachen, kann das Kind zunächst zuschauen, anschließend soll es die Geräuschfolgen nachmachen. Beachten Sie wieder das Alter des Kindes. Probieren Sie selbst aus, wie viele Geräusche sich Ihr Kind in Folge merken kann, und versuchen Sie, die Merkfähigkeit durch regelmäßiges Training zu steigern.

ICH KANN WAS, ICH KANN WAS – UND WAS KANNST DU?

Mama sagt: »Ich kann was, ich kann was und was kannst du?« und macht vor: klatschen – patschen. Das Kind imitiert klatschen – patschen. Anschließend darf es selbst eine Geräuschfolge vormachen, eingeleitet mit dem Spruch: »Ich kann was ...« Das Spiel eignet sich auch für mehrere Personen.

Schnalzen, patschen, klatschen: Körperinstrumente lassen sich wunderbar variieren.

Hier einige Beispiele für Geräuschereihen. Es wird jeweils mit dem ersten oder den ersten beiden Geräuschen begonnen und anschließend um je ein weiteres ergänzt. Das Spiel wird anspruchsvoller, wenn das Kind beim Hören der Geräuschfolgen die Augen schließt.

- klatschen – patschen
- klatschen – patschen – schnalzen
- klatschen – patschen – schnalzen – stampfen
- klatschen – patschen – schnalzen – stampfen – klatschen

- Anschlagen von Glas – Schüssel – Topf – Tasse – Flasche
- Klopfen auf Tisch – Stuhl – Schrank – Fenster – Wand
- Rascheln mit Papier – Laub – Aluminium – Streichholzschachtel – Folie
- Rassel – Triangel – Trommel – Klangholz – Glockenspiel
- Nacheinander bis zu fünf Rasselbüchsen schütteln
- Auf dem Glockenspiel bis zu fünf Tonfolgen nachspielen

Mit Geräuschen und Klängen spielen

Nachfolgend einige Spielideen für die ganze Familie oder eine Kindergruppe.

DER WACHHUND

Erwachsener und Kind oder mehrere Kinder spielen gemeinsam: »Du bist der Wachhund und musst aufpassen und den Dieb fangen.

Du darfst dabei aber nichts sehen.« Dem Kind werden die Augen verbunden, es befindet sich auf allen Vieren auf dem Fußboden. Ein Dieb (mit einem Schellenreif oder Blechdosen am Fuß) schleicht durch das Zimmer. Der Wachhund muss hören, wohin sich der Dieb bewegt, und ihm blind folgen. Wenn das Kind den Geräuschen des Diebes gut zu folgen in der Lage ist, kann das Geräuschmaterial an dessen Bein weggelassen werden. Er bewegt sich jetzt sehr leise durch den Raum und muss vom Wachhund gefunden werden. Anschließend werden die Rollen getauscht.

ELEKTROGERÄTE

Einen besonderen Anreiz für Kinder stellt das Spiel mit verschiedenen Elektrogeräten dar (Staubsauger, Kaffeemühle, Wecker, Mixer etc.). Sie werden bei der alltäglichen Hausarbeit eingeschaltet, das Kind darf die Geräte benennen, auch unter Aufsicht des Erwachsenen ein- und ausschalten. Wenn alle Geräusche zu den Geräten bekannt sind, kann man die Geräte für Unterscheidungsspiele benutzen: »Heute machen wir eine Küchenolympiade. Wer kann sich die meisten Geräte hintereinander merken?« Mehrere Geräte werden nacheinander eingeschaltet, die Reihenfolge soll gemerkt werden. Anschließend darf jeder Mitspieler versuchen, die Geräusche in der vorher dargebotenen Reihenfolge zu wiederholen. Wichtig ist, dass die Kinder dieses Spiel nicht ohne Aufsicht eines Erwachsenen spielen und sie über die Gefahren, die von diesen Geräten ausgehen, aufgeklärt werden.

DAS ZOOSPIEL

Stellen Sie mit Ihrem Kind einen Zoo her. Sie können für das Spiel selbst gemalte Tiere oder aus Zeitschriften ausgeschnittene Tierbilder oder aber auch Tierfiguren benutzen. Überlegen Sie gemeinsam, wie die Tiere heißen, anschließend werden die Lautäußerungen dieser Tiere imitiert. Dann wird eine Geschichte über diese Tiere erzählt. Immer wenn ein Tier in der Geschichte vorkommt, darf das

Tierlaute nachahmen: Spielerisch werden dabei Gehör und Sprechwerkzeuge gefördert.

entsprechende Tiergeräusch imitiert und die Bewegungen der Tiere sollen nachgemacht werden. Wer das Tier richtig erkannt hat, darf sich das entsprechende Tier holen. Die Geschichte könnte wie folgt beginnen: »Heute gehen wir in den Zoo. Papa, Mama und Lena wollen sich alle Tiere anschauen. Zuerst kommen sie bei den Affen vorbei (Affenlaute imitieren). Dann sind sie zum Löwenkäfig unterwegs (Löwengebrüll). Plötzlich hören sie, wie ein Bär brummt ...

DAS SCHÄFCHEN

Dieses Spiel eignet sich nur für eine Gruppe. Einem Kind werden die Augen verbunden. Die anderen Kinder sind die Schäfchen. Das Kind mit den verbundenen Augen kniet vor einem »Schäfchen«, tippt es an und sagt zu ihm: »Schäfchen, mach mal mäh!« Das Schäfchen macht »mäh« und das Kind muss an der Stimme erkennen, wer das Schäfchen ist.

DAS GEWITTER

Geräuschgeschichte: Wir sitzen an einem Tisch und spielen Gewitter. Dabei imitieren wir die Geräusche mit unserem Mund:

Es tröpfelt.	*leichtes Zungenschnalzen*
Es regnet.	*Zungenschnalzen*
Leichter Wind kommt auf.	*huu*
Der Wind wird stärker.	*dumpfes Pfeifen*
Der Regen peitscht,	*tsch, tsch*
der Wind heult,	*pfeifen*
es blitzt	*tssss*
und donnert!	*Gurrlaute*

Ein Spieler beginnt mit einem Geräusch, der Nächste wiederholt es und hängt ein eigenes Geräusch an, der Nächste muss nun diese beiden wiederholen und noch ein Geräusch anhängen. So entsteht ein großes Gewitter.

In dieser Weise können Sie sich unendlich viele Geschichten ausdenken, bei denen Geräusche mit dem Mund imitiert werden. Wichtig ist dabei, dass sich das Kind eine längere Abfolge von Geräuschen in der richtigen Reihenfolge merken kann. Viel Spaß!

Reim-, Wort- und Sprachspiele

→ **Wichtiger Hinweis:** Wenn es um Reime geht, bedenken Sie bitte Folgendes: Genau wie Vorschulkinder nicht wissen, was ein »Satz« oder ein »Wort« ist, wissen sie auch nicht, was ein (gesprochener) Laut ist. Was ein (geschriebener) Buchstabe ist, wissen sie schon eher, denn Buchstaben sieht man irgendwo, malt sie vielleicht auch selbst. Aber um das Geschriebene geht es hier nicht, es geht um die Lautsprache, also um das, was wir hören oder sprechen. Ein Kind ist sich noch nicht bewusst darüber, dass ein |e| etwas anderes ist als ein |i| oder dass ein |t| etwas anderes bedeutet als ein |k|. Ja, Sprachlaute haben eine Bedeutung. Wir Erwachsene »wissen« dies, auch wenn wir uns dessen nicht immer bewusst sind: Wenn man nämlich beispielsweise im Wort *Kasse* den Laut |k| durch den Laut |t| ersetzt, wird eine *Tasse* daraus. Dass man Laute in Wörtern verändern kann, also dass man mit Sprache überhaupt etwas machen kann, erfahren Kinder beim Reimen.

Sie erfahren dabei auch (unbewusst), dass Dinge zusammengehören können, die eigentlich gar nichts miteinander zu tun haben:

Eine kleine Piepmaus
lief ums Rathaus.

Inhaltlich hat eine Maus absolut nichts mit einem Rathaus zu tun! Zur Maus würde wohl eine Katze passen, die die Maus fangen will. Wenn also die Maus etwas mit dem Haus zu tun hat, dann nur auf sprachlicher Ebene. Das Kind lernt durch solche Reime (unbewusst), dass die sprachliche Ebene nicht unbedingt etwas mit dem Inhalt zu tun haben muss. Dies ist ein wichtiger Schritt in der Sprachentwicklung des Kindes, der vor allem auch dem späteren Lesenlernen zugute kommt.

Auch für Kinder mit Aussprachestörungen ist der Umgang mit Reimen wichtig, da jetzt die Aufmerksamkeit gezielt auf Sprachlaute gerichtet wird. Im Folgenden erhalten Sie Anregungen, wie man mit Reimen umgehen kann. Wichtig ist dabei: Die Reime sollten sich vom Wortschatz her immer im Erlebnisbereich der Kinder bewegen. Wenn man sich Reime sucht, sollte man daher *diese* (aus einem in Kindergärten häufig benutzten Werk) *nicht* gleich übernehmen: Der Uhu macht die Türe ... (zu); Die Eule nimmt Abschied mit ... (Geheule); Ein Elch trinkt aus einem ... (Kelch); Ein Schwan verlor einen ... (Zahn). Ein Schwan kann keinen Zahn verlieren, ein Elch nicht aus einem Kelch trinken und von wem sollte sich eine Eule verabschieden. Solche Reime können nur Kinder vervollständigen, die schon sehr weit abstrahieren können. Und diese Kinder muss man eigentlich nicht mehr mit Reimspielen fördern.

REIME MERKEN

Die einfachste, alltäglichste Erfahrung mit Reimen ist es, Kinder kleine Reime auswendig lernen zu lassen. Dies können Abzählreime sein, kleine Lieder oder kurze Gedichte. Zu vielen Spielen gibt es Reime oder Verse, die sich die Kinder merken können. Denken Sie dabei an das oben Gesagte. Die Inhalte müssen aus dem Erfahrungsbereich der Kinder sein.

REIME VERVOLLSTÄNDIGEN

Etwas schwieriger als das bloße Merken ist das Ergänzen von Reimen. In einfachster Form wird es allerdings schon beim Lernen der Reime praktiziert: Die Eltern sagen dem Kind den bereits bekannten Vers vor und das Kind muss nur noch das Reimwort ergänzen:

Auf einem Berg sitzt ein …

Kinder, die mit dem Reimen schon etwas Erfahrung haben, kann man dann auch schon mit einer schwierigeren Aufgabe konfrontieren: Der Erwachsene gibt einen Vers vor, den das Kind noch nicht kennt, und das Kind darf selbst das Reimwort finden:

Der Bär brummt – die Biene …
Im Stall steht eine Kuh, die macht …

FALSCHE REIME ERKENNEN

Recht lustig kann es für die Kinder werden, wenn die Eltern einen dem Kind bekannten Reim vorsagen und dabei ein falsches Reimwort einsetzen. Das Kind wird sich riesig freuen, wenn es den Fehler der Eltern erkennt und den Reim richtig ergänzen kann:

Der Bär brummt – die Biene bellt
Im Stall steht eine Kuh – die macht wau wau

Achtung: Weichen Sie bei den absichtlichen Fehlern nicht zu weit vom Ursprung ab, da das Kind ohne Sinnwidrigkeit den Fehler nicht erkennen kann. Bleiben Sie im gleichen Wortfeld!

Der Bär brummt – die Biene fliegt wäre zwar auch ein »falscher Reim«, da aber inhaltlich kein Fehler zu erkennen ist, wird das Kind vom Reim abgelenkt und auch möglicherweise den Fehler nicht finden, denn eine Biene kann ja fliegen.

SPIELE MIT REIMEN

Bisher haben wir den Umgang mit Reimen nur auf der mündlichen Ebene besprochen. Aber auch den Umgang mit Sprache kann man bildlich gestalten. Hierfür nun einige Beispiele.

Bildmaterial: Es gibt zahlreiche Spiele zu kaufen, die zum Reimen gedacht sind oder dafür benutzt werden können, zum Beispiel *Sprich genau, hör genau, Blinde Kuh, Ritsche-ratsche-rei, Ratz-Fatz, Ratzolino.* Natürlich können Sie auch selbst Bilder mit Reimpaaren zusammensuchen oder herstellen. Auch einzelne Bilder sind geeignet, wenn der Reim dann ohne Bild dazu gesucht werden muss.

PAARE VERGLEICHEN

Bilder liegen umgedreht auf dem Tisch, jeder Teilnehmer darf immer zwei Bilder aufdecken. Reimen sich die Wörter nicht, werden die Bilder wieder umgedreht, reimen sie sich, darf sie der Spieler behalten.

ANGELSPIEL

An den Bildern werden Büroklammern befestigt, mit einer Magnetangel wird danach gefischt. Einfache Variante: Ein Bild wird geangelt, der dazugehörige Reim muss gesprochen werden. Fortgeschrittene Variante: Im »See« liegen Bilder mit Reimpaaren. Es werden immer zwei Bilder hintereinander geangelt. Hat man ein Reimpaar geangelt, darf man die Bilder behalten, ist es kein Reimpaar, muss man die Bilder wieder in den See werfen.

REIMWÜRFEL

Karten mit Reimversen werden an einem großen Schaumstoffwürfel befestigt. Das Kind darf würfeln, die Eltern lernen mit ihm den Reimvers, der gewürfelt wurde.

SCHNAPP DEN REIM

Spielfiguren oder Bilder, die zu einem Reimvers passen, liegen auf dem Tisch. Die Eltern sagen einen Reimvers, aber ohne das letzte Wort. Dieses soll vom Kind als Figur oder Bild erkannt und aufgenommen werden. Mit mehreren Kindern: Wer schnappt das Reimwort am schnellsten?

Reime, Sprechverse, Lieder

Im Folgenden finden Sie eine kleine Sammlung von Reimen und Liedern, die sich für Kinder in unterschiedlichen Altersgruppen anbieten. Diese Verse und Lieder haben sich besonders bewährt und werden täglich in Krabbelgruppen, Frühförderstellen und Kindergärten gesprochen und gesungen. Zum größten Teil sind Text und Melodie überliefert und finden sich in unzähligen Variationen wieder. Sie bieten sich an für schöne gemeinsame Minuten, die nur Mutter oder Vater und dem Kind gehören.

Die folgenden Krabbelverse, Kniereiter und Lieder sind dem Alter nach geordnet: die Spiele für die Kleinsten zuerst, dann folgen Anregungen, die sich ab dem Kindergartenalter eignen. Das bedeutet jedoch nicht, dass nicht auch die Größeren noch viel Freude an den »Babyspielen« hätten. Probieren Sie einfach aus, womit Ihr Kind am meisten Spaß hat.

Für die Allerkleinsten

DIE SCHNECKE (MELODIE: »BRUDER JAKOB«)

Krabbellied

Kriecht 'ne Schnecke, kriecht 'ne Schnecke
den Berg rauf, den Berg rauf,
drüben wieder runter, drüben wieder runter,
auf den Bauch, auf den Bauch.

Das Baby liegt auf dem Rücken, die Hand der Mama verwandelt sich in die Schnecke. Die Schnecke krabbelt seitlich über die Beine und den Rumpf bis auf den Kopf des Kindes und auf der anderen Seite wieder runter. Zum Schluss liegt die Hand auf dem Bauch des Babys und streicht sanft darüber.

MÄUSEBESUCH

Krabbelvers

Da kommt die Maus,
da kommt die Maus!
Klingelingeling!
Ist die … (Julia) zu Haus?

Die Hand verwandelt sich in die Maus und steigt am Arm des Kindes hinauf, bis sie am Ohrläppchen ankommt und klingelt (leichtes Zupfen).

Ab zwei Jahren

SO REITEN WIR

Kniereiter

So reiten die Herren:
Hopp, hopp, hopp, im Galopp.
So reiten die Damen:
Ruck-zuck, ruck-zuck.
So schockelt der Bauer:
Humpel, pumpel,
humpel, pumpel,
rauf und runter.
Plumps!

Die Kinder sitzen auf den Knien der Eltern und werden entsprechend dem Inhalt des Verses auf den Beinen rhythmisch auf und ab bewegt. Das Tempo kann variiert werden und zum Schluss »fällt« das Kind nach hinten herunter – es wird dabei natürlich festgehalten.

HALLO, HALLO (MELODIE: »BRUDER JAKOB«)

Singspiel

Hallo Julia, hallo Julia,
lach doch mal, lach doch mal (klatsch, nick, stampf,
patsch, schnalz …)!
Hörst du nicht die Glocken?
Zeig mir deine Socken!
Schnipp, klatsch, stampf.
Schnipp, klatsch, stampf.

Als Begrüßungslied oder Morgenlied zu singen, kann mit Körperbewegungen und -geräuschen begleitet werden.

DAS KRABBELTIER

Krabbelvers

Das Krabbeltier, das Krabbeltier,	*krabbelt über Arme und Beine*
was will das Tier denn bloß von dir?	*über Rücken und Bauch*
Dich packen,	*alles nachahmen*
dich zwacken,	
dich zwicken,	
dich picken,	
dich knuffen,	
dich puffen.	
Das Krabbeltier, das Krabbeltier,	*Die eine Hand wird von der*
das Kriechtier, das schnapp ich mir!	*anderen Hand gefangen*

Die Hand verwandelt sich in das Krabbeltier und führt die entsprechenden Bewegungen aus.

Für Kindergartenkinder

DIE GESCHICHTE VON HIMPELCHEN UND PIMPELCHEN

Fingerspiel

Himpelchen und Pimpelchen, die stiegen auf einen Berg.
Himpelchen war ein Heinzelmann und Pimpelchen war ein Zwerg.
Sie blieben lange dort oben sitzen und wackelten mit ihren
Zipfelmützen.
Doch nach fünfundzwanzig Wochen sind sie in den Berg
gekrochen.
Dort schlafen sie in aller Ruh, nun sei mal still und hör gut zu:
Kchchchch, kchchch. (Schnarchen)
Und nach einer langen Nacht sind sie wieder aufgewacht
und haben ganz laut gelacht:
Ha, ha, ha, ha, ha, ha!
Himpelchen sagt: »Ich bau mir ein Haus.«
Pimpelchen sagt: »Ich auch, ich auch.«
Himpelchen sagt: »Mein Haus ist ganz krumm!
Wie ist das dumm, wie ist das dumm!«
Pimpelchen sagt: »Mein Haus ist auch nicht gerade!
Wie schade, wie schade!«
Da kommt ein großer Sausewind
und pustet weg das Haus geschwind!
Himpelchen und Pimpelchen, die stiegen auf ...

Beide Hände werden zu Fäusten geballt. Die Daumen werden aufgestellt, sie sind Himpelchen und Pimpelchen (man kann auf die Daumen noch Gesichter malen und kleine Zipfelmützchen aus Filz oder Papier aufsetzen). Die beiden Fäuste steigen immer weiter nach oben, als stiege man auf einen Berg. Über dem Kopf angelangt, legt man die Fäuste aneinander und wackelt mit den Daumen. Zum Schlafen werden die Daumen in die Faust eingezogen. Dann werden Schnarchgeräusche gemacht. Anschließend schlüpfen die Daumen wieder heraus und die Fäuste hüpfen auf und ab.

Nun wird mit den Händen ein Haus angedeutet. Zum Schluss wird das Haus weggepustet. Und schon kann die Geschichte wieder von vorne beginnen.

DIE KLEINE HEX'

Sprechvers

Morgens früh um sechs
kommt die kleine Hex'.
Morgens früh um sieben
schält sie gelbe Rüben.
Morgens früh um acht
wird Kaffee gemacht.
Morgens früh um neun
geht sie in die Scheun'.
Morgens früh um zehn
holt sie Holz und Spähn'.
Feuert an um elf,
kocht dann bis um zwölf.
Fröschebein und Krebs und Fisch,
schnell, schnell, Kinder,
kommt zu Tisch.

AUSZÄHLVERSE

Die Kinder stehen im Kreis, einer ist der Spielleiter und sagt den Abzählvers. Er tippt dabei die Kinder reihum im Versrhythmus an. Das Kind, das beim letzten Wort des Verses berührt wird, scheidet aus. Es wird so lange ausgezählt, bis ein Kind übrig bleibt.

Ene, mene, meck und du bist weg,
weg bist du noch lange nicht,
sag mir erst, wie alt du bist.
(Kind nennt sein Alter, z.B. »5«)
1, 2, 3, 4, 5

Eins, zwei, drei, vier, Rollmops,
alle wollen Kirschdrops!
Mops und Kirschdrops sind
schon aus,
Eins, zwei, drei vier, du bist raus!

Eine kleine Piepmaus,
läuft ums Rathaus,
fällt in den Dreck
und du bist weg.

Vor dem Essen

JEDES TIERLEIN

Jedes Tierlein hat sein Essen,
jedes Blümlein trinkt von dir,
hast auch mich heut nicht vergessen,
lieber Gott, ich danke dir.

PIEP, PIEP, PIEP

Piep, piep, piep, wir essen, was es gibt.
Piep, piep, piep, guten Appetit!

Ab 5 Jahre

ZUNGENBRECHER

Fischers Fritz fischt frische Fische, frische Fische fischt Fischers Fritz!

Ein Knopf, ein Knopf, ein Hosenknopf, ein Hosenknopf der knallt.

Schneider, schnall' schnell die schönen Schnallen an die Schuhe.

Blaukraut bleibt Blaukraut und Brautkleid bleibt Brautkleid.

Es klapperten die Klapperschlangen, bis ihre Klappern schlapper klangen.

MALSPIELE

Am besten für diese Spiele eignen sich dicke Stifte oder Wachsmalkreiden und große Bogen Packpapier. So können die Kinder in großen Schwüngen zum Vers malen. Besonders lustig sehen die Figuren aus, wenn sie hintereinander mit verschiedenen Farben übereinander gemalt werden. Dadurch fällt es den Kindern auch leichter, sich den Vers zu merken, ohne zu »üben«. Beispiel:

Mondgesicht

Punkt, Punkt, Komma, Strich,
fertig ist das Mondgesicht.
Rechts und links die Ohren,
so ist der Mensch geboren.
Haare kommen auf den Kopf,
fertig ist im Nu der Schopf.
Hals wie eine Flasche,
Bauch wie eine Tasche.
Hier die Arme, dort die Beine.
Fix und fertig ist der Kleine.

Wenn Sie noch mehr Verse, Lieder und Fingerspiele suchen, finden Sie Buchtipps im Anhang.

Ab jetzt beginnen Hörspiele, bei denen es nicht mehr um Geräusche, sondern schon konkret um Sprache geht. Eltern möchten wir bitten, hier besonders aufzupassen, dass sie ihre Kinder nicht überfordern; denn das Bewusstsein für Sprache entwickelt sich erst im Laufe des Vorschulalters. Sinnvoll ist der Einsatz solcher Spiele erst ab einem Alter von etwa fünf Jahren. Deshalb sollten die nachfolgenden Spiele mit jüngeren Kindern nicht gespielt werden, da sie unweigerlich zu einer Überforderung führen.

→ **Achtung:** Versuchen Sie *nicht*, bei den folgenden Spielen die Aussprachestörungen Ihres Kindes zu korrigieren. Die Aufmerksamkeit des Kindes sollte nur auf die jeweilige Aufgabe gerichtet sein. Verlangen Sie vom Kind nie die richtige Aussprache von Lauten, mit denen es Probleme hat. Es reicht, wenn Sie als Eltern das richtige sprachliche Vorbild geben. Das Kind hört von Ihnen die richtige Aussprache, »darf« selbst aber noch eine fehlerhafte Aussprache haben.

Wörter heraushören

Wichtiger Hinweis: Wir Erwachsene wissen, was Wörter sind. Kinder haben noch keine Vorstellung von Wörtern, denn das Sprechen erfolgt nicht in einzelnen Wörtern. Selbst Sätze sind etwas künstlich Geschaffenes, das erst durch die Schriftsprache einen Sinn bekommt. Wir Erwachsene erkennen den Anfang eines Satzes durch die Großschreibung, sein Ende durch den Punkt. Wörter erkennen wir daran, dass man beim Schreiben einen Abstand zwischen ihnen lässt. Beim Sprechen werden nicht unbedingt Pausen zwischen Wörtern gemacht. Wer nicht lesen und schreiben kann, nimmt keine Sätze oder Wörter auf, sondern nur *eine ganzheitliche Sequenz*, aus der er seine Informationen entnimmt. Wenn wir nun also mit Kindern das »Heraushören von Wörtern« üben wollen, müssen wir Erwachsene uns bewusst sein, dass das Wort »Wort« für Kinder keine Bedeutung hat und somit dem Kind gegenüber nicht benutzt werden sollte.

DER EIGENE NAME

Das Kind sitzt auf einem Stuhl und wir erzählen ihm eine beliebige Geschichte, in der öfter sein eigener Name vorkommt. → *Immer wenn du deinen Namen hörst, stehst du auf!* (Lässt sich natürlich auch mit jedem anderen Namen spielen.)

DER REGENSCHIRM

Schön sind Hörspiele, wenn die Kinder dabei selbst aktiv werden können.

Das Kind erhält einen Regenschirm. Wir erzählen ihm eine Geschichte von jemandem, der spazieren geht, dann in einen Regen kommt. Zum Glück hat er einen Regenschirm dabei. Als der Regen stärker wird, macht er seinen Regenschirm auf. Dann geht er in ein Geschäft und stellt seinen Regenschirm in den Schirmständer. Als er weitergeht, merkt er, dass es immer noch regnet und er seinen Regenschirm im Geschäft vergessen hat. Er geht zurück …

→ *Immer wenn du »Regenschirm« hörst, öffnest du deinen Schirm!*

VARIATIONEN

Solche Geschichten können wir in unendlicher Vielfalt spielen. Die Geschichte, um die es geht, sollte aus dem Erlebnis- und Interessensbereich des Kindes sein. Eine dazu passende Spielhandlung macht Freude und das Kind merkt überhaupt nicht, dass es um sprachliche Förderung geht. Hier einige Ideen für mögliche Themen und die dazugehörigen Tätigkeiten:

Wovon die Geschichte handelt	*Was das Kind beim Hören des Wortes tut*
Auto	*hupen*
Eisenbahn	*pfeifen*
Fahrrad	*klingeln*
Hund	*bellen*
Kochtopf	*klappern*
Wasser	*planschen*
Stechmücke	*klatschen*
Telefon	*Hörer abnehmen*

Silben klatschen

Achtung: Das Silbenklatschen ist ein weiterer Schritt, der Kindern hilft zu erkennen, dass man mit Wörtern etwas machen kann, dass man mit Sprache – losgelöst vom Inhalt – spielen kann. Das Klatschen von Wörtern (nach Sprechsilben) gliedert diese Wörter und ist somit die Vorstufe der Erkenntnis, dass Wörter aus Einzelteilen – den Lauten – zusammengesetzt sind. Vorsicht: Denken Sie immer daran, dass Vorschulkinder nicht lesen können, dass Sie bei der Förderung ihrer Sprache nicht an die Schriftsprache, also nicht an die Rechtschreibung denken dürfen. Es geht immer nur um die gesprochene Sprache! Wenn diese Trennung zwischen Laut- und Schriftsprache nicht eingehalten wird, kommt es zu Fehlern. Und diese Fehler werden die Kinder nur verunsichern, anstatt sie zu fördern. Beispiel: In einem (oben bereits erwähnten) Werk, das in Kindergärten häufig zur Sprachförderung benutzt wird, werden die Erzieherinnen angeleitet, das Wort *Kartoffel* zu trennen: Kar – tof – fel. So würde man das Wort nach der Rechtschreibung trennen. Spricht man das Wort beim Trennen aber so aus, würde dies ein *Kartoff-Fell* mit einer deutlichen Sprechpause zwischen den Teilwörtern ergeben. Man macht aber bei der *Kartoffel* keine Sprechpause zwischen den beiden |f|, richtig ist *Kar-to-ffel.* Nicht einmal bei einem zusammengesetzten Wort, wie z.B. *auffangen*, werden zwei |f| gesprochen, viel weniger bei Wörtern, die aus rechtschriftlichen Gründen einen doppelten Mitlaut haben. Seien Sie also schlauer! Wenn Sie mit den Kindern das Silbenklatschen üben, behalten Sie immer nur die gesprochene Sprache im Kopf, nicht die Rechtschreibung!

EIGENNAMEN

Als Einstieg in das Silbenklatschen sind Eigennamen gut geeignet. Mehrere Kinder sind anwesend, die Erwachsene ruft die Kinder, spricht die Namen aber nicht normal, sondern zerhackt aus: Jede Silbe wird einzeln gesprochen, zu jeder Silbe wird in die Hände geklatscht.

Ja-kob
Se-li-na
Da-vid
O-tto (*nicht* Ot-to!)
Max

Achtung: Bei einsilbigen Namen (also solchen, die nur einmal geklatscht werden), wie z.B. Max, haben die Kinder oft die größten Schwierigkeiten, weil sie denken, dass jedes Wort zerlegt werden muss. Einsilbige Namen dürfen aber auf keinen Fall zerlegt werden, aus dem Max darf kein Ma-hax werden.

Nach einer kurzen Übungsphase schaffen es die Kinder sicher, die Namen selbst richtig zu klatschen.

SPIELZEUG UND TIERE

In ähnlicher Weise kann man die Namen von Spielsachen, die auf dem Tisch oder im Zimmer verteilt sind, klatschen. Auch Stofftiere oder Tierbilder können für die Spiele herangezogen werden.

Au-to
Pu-ppe
E-le-fant
A-ffe
Bär
Ei-sen-bahn
Buch

SPIELE MIT SILBEN

Auch der Umgang mit Sprechsilben kann den Kindern spielerisch vermittelt werden. Hier einige Anregungen:

Mutter, wohin darf ich reisen? Die Kinder stehen in einer Reihe, ein Erwachsener steht gegenüber. Ein Kind fragt: Mutter, wohin darf ich reisen? Der Erwachsene sagt: Nach Mün-chen, woraufhin das Kind zwei Schritte vor geht. Bei Re-gens-burg werden drei Schritte gegangen, usw. Anstelle von Orten kann man auch die Namen anwesender Personen nehmen: Zur O-ma, ...

Nach Silben essen: Es liegt geschnippeltes Obst und Gemüse auf dem Tisch. Ich esse von der Ba-na-ne (drei Stückchen), vom A-pfel (zwei Stückchen), von der Ka-ro-tte (drei Stückchen).

Dieses Spiel geht natürlich auch mit Süßigkeiten oder den trockenen Bestandteilen vom Müsli. Auch ausgestochene Plätzchen eignen sich gut: Ich esse den Stern (ein Plätzchen), den Stie-fel (zwei Plätzchen), den Ni-ko-laus (drei Plätzchen) ...

Laute erkennen

Wichtiger Hinweis: Für Kinder ist es sehr schwierig, einzelne Laute aus Wörtern herauszuhören. Am ehesten gelingt dies bei Lauten, die am Wortanfang stehen. Bitte beachten Sie, was weiter oben über den Unterschied zwischen *Lautieren* und *Buchstabieren* gesagt wurde (Seite 46). Hierzu noch einmal ein Beispiel am Wort *Schule.* Wenn wir es geschrieben sehen, also die Buchstaben betrachten, beginnt es mit einem S (welches als ess buchstabiert wird). Wenn wir das Wort hören oder sprechen, beginnt es aber nicht mit einem |s|, sondern mit einem |sch|. Dieser Laut hat mit einem |s| überhaupt nichts zu tun, außer dass zu seiner Verschriftung drei Buchstaben benutzt werden, von denen einer der Buchstabe für den Laut |s| ist. Machen Sie sich diesen Unterschied ganz deutlich bewusst: Stellen Sie sich vor einen Spiegel. Sprechen Sie einmal ein ganz deutliches |s|, dann ein deutliches |sch|. Sie sehen am Mundbild und hören, dass beides wirklich nichts miteinander zu tun hat.

Prinzipien

Bitte wollen Sie nicht alles auf einmal. Üben Sie immer eine Zeitlang einen bestimmten Laut. Erst wenn Sie merken, dass das Kind ein Gefühl für diesen Laut entwickelt hat, ihn also von anderen unterscheiden kann, wählen Sie einen neuen Laut aus.

Nicht alle Laute sind gleich gut zu hören, nicht alle Laute können somit gleich gut von anderen unterschieden werden. So würde man naiv denken, dass die Selbstlaute am einfachsten zu unterscheiden sind. Diese sind aber in Wirklichkeit sehr schwer zu unterscheiden, weil sie oft ganz unterschiedlich ausgesprochen werden. So klingt ein |e| in »Esel« ganz anders als in »Ente«. Sprechen Sie beide Wörter einmal überdeutlich aus! Haben Sie gemerkt, dass bei der »Ente« sogar ein Unterschied zwischen dem ersten und dem zweiten |e| ist? Und wenn Sie den »Esel« richtig ausgesprochen haben, werden Sie merken, dass das zweite |e| gar nicht ausgesprochen wird, weil man nämlich »Esl« sagt. Manche Laute kann man besser hörbar machen, weil man sie in die Länge ziehen kann, wie z.B. das |m| (man kann durchaus mmmmmm sprechen), andere sind nur kurz zu hören und können nicht in die Länge gezogen werden, wie z.B. das |k|. Manche Laute kann man deutlicher erkennen, weil man sie nicht nur hören, sondern auch sehen kann. Das |sch| lässt sich z.B. gut von den Lippen ablesen, weil man es mit einem deutlichen Lippenrüssel spricht, das |ch| hingegen kann man nicht sehen, weil es im Mund ganz hinten gebildet wird.

- Üben Sie mit den Kindern also zunächst solche Laute, die gut wahrnehmbar sind.
- Geben Sie dem Kind Hilfen durch deutliche Mundbilder oder Lautgebärden (siehe Seite 86).
- Lassen Sie zunächst solche Laute aus, bei denen Ihr Kind Probleme mit der Aussprache hat.
- Üben Sie nur solche Laute, die in Ihrem lokalen Dialekt auch wirklich gesprochen werden. Es hat keinen Sinn, z.B. in Franken Hörspiele zum |t| zu machen, da dieser Laut dort kaum gespro-

chen wird. Auch kann man ein Kind nicht fragen, ob es bei der »Gabel« ein |g| hört, wenn es möglicherweise sein ganzes Leben lang nur mit einer »Jabel jejessen« hat.

- Üben Sie erst dann mit mehreren Lauten, wenn Sie merken, dass das Kind alle bisher geübten Laute gut unterscheiden kann.

Zum Einstieg

Um Ihnen den Einstieg in das Trainieren der Lautwahrnehmung zu erleichtern, folgt hier eine einfache Übungsanleitung zu einem Laut, der besonders gut für den Anfang geeignet ist, das |m|. Sinngemäß können Sie die gleichen Spiele dann z.B. auch mit |f|, |sch| und |l| machen. Es ist immer der gleiche Spielablauf. Wenn das Kind mit dem Erkennen dieser Laute gut zurechtkommt, können Sie auch andere Laute üben, also z.B. Wörter benutzen, die mit |a|, |e|, |i|, |o| oder |u| anfangen. Entsprechend können Sie das Erkennen weiterer Laute trainieren. Um die Laute »sichtbar« zu machen, finden Sie im Anhang eine Liste mit Lautgebärden.

Das |m| als Lautgebärde. Die weiteren Lautgebärden finden Sie im Anhang.

WIR HÖREN DAS M

Den Laut hören: Das Kind soll die Augen schließen. Sprechen Sie ihm ein deutliches |m| (nicht emm!) vor.

Den Laut sehen: Das Kind öffnet die Augen. Sie sagen: Schau mal auf meinen Mund. Wenn ich |m| spreche, sieht das so aus ... Sie zeigen dem Kind dann die Lautgebärde und sagen: Schau, damit man sich das |m| besser merken kann, gibt es dafür ein Zeichen, das geht so ...

Den Laut sprechen: Sprechen Sie dem Kind nochmals ein |m| vor, machen Sie dazu die Lautgebärde und fragen Sie: Kannst du jetzt auch mal ein |m| (Lautgebärde dazu machen!) sprechen? Lassen Sie diesen Übungsschritt aus, wenn Ihr Kind Probleme mit der Aussprache des |m| hat.

Den Laut erkennen: Auf dem Tisch stehen (oder liegen) verschiedene Gegenstände oder Bilder: Marmelade, Schokolade, Buch, Löffel, Schiff, Milch, Fahne, Schaukel, Sahne, Laterne, Murmel, Schinken, Fass, ein Bild von Mama, Schal, Säge, Honig, Sessel, Schaf, Sofa, Socke, Lampe, Nuss, Fisch, Lutscher, etc.

Sagen Sie zum Kind: »Wir haben gerade das |m| gesprochen.« Dann nehmen Sie einen Gegenstand (Bild), der mit |m| anfängt, und sagen: »... fängt beim Sprechen mit |m| an.« Nun nehmen Sie einen Gegenstand (Bild), der nicht mit |m| anfängt, und sagen: »... fängt nicht mit |m| an. Ich sage dir jetzt die Namen der Dinge (Bilder), die hier sind, und du versuchst einmal zu hören, ob die mit |m| anfangen oder nicht. Hörst du |m| bei ...?«

VARIATIONEN

Wenn das Kind Sicherheit im Erkennen von Anlauten hat, können die Hörspiele variiert werden.

Sortieren: Die bereits bearbeiteten Gegenstände liegen auf dem Tisch. Es stehen Schachteln bereit, auf die die Bilder der bereits bekannten Lautgebärden aufgeklebt sind. Die Gegenstände werden benannt und einsortiert.

Angeln: Wenn man nur mit Bildern arbeitet, kann man das Sortieren auch mit einem Angelspiel verbinden. An die Bilder kommen Büroklammern, die Bilder werden mit der Magnetangel gefischt und in die Schachteln mit den Lautgebärden sortiert.

Zum Laut laufen: Auf einigen Teppichfliesen oder in Schachteln liegen Gegenstände oder Bilder, die jeweils den gleichen Anlaut haben. Die Mutter sagt zum Kind: »Lauf zum |m| und hole mir die Milch ...« Dann schickt das Kind schickt die Mutter.

Nehmen Sie für diese Spiele nur solche Laute, die vorher schon isoliert mit dem Kind geübt wurden und bei deren Erkennung es keine Schwierigkeiten hat. Anstatt zu laufen kann das Kind auch krabbeln oder ein Fahrzeug benutzen.

Basisförderung

In diesem Kapitel erfahren Sie, wie Sie die Sprache des Kindes auf ganzheitliche Weise fördern können.

Die Notwendigkeit für eine »Basisförderung« lässt sich auf verschiedene Weise begründen. Da sei zunächst die Notwendigkeit der *Sinnesschulung* genannt: Betrachen wir zum wiederholten Male den Sprachbaum aus der Einleitung, genauer genommen: Betrachten wir seine Wurzeln. Um den Stamm gut auszubilden, müssen die Wurzeln in Ordnung sein. Um also die Sprache gut zu entwickeln, müssen alle Sinne gut geschult sein. Die Schulung aller Sinne fördert ganzheitlich die Entwicklung des Gehirns. Je leistungsfähiger das Gehirn im Ganzen ist, desto besser kann sich wiederum die Sprache entwickeln. Vergleichbar ist das Ganze mit einem Kreislauf, der sich selbst verstärkt. Dieser Kreislauf ist physiologisch zwar sehr kompliziert, er lässt sich aber auf einen ganz einfachen Nenner bringen: Jede Förderung, die Sie dem Kind zukommen lassen, ist immer auch Sprachförderung. Selbst wenn Sie ein Kind nur in einen Eimer mit kaltem Wasser fassen lassen, kann daraus Sprachförderung werden, wenn Sie dabei die Sprachförderung im Hinterkopf haben und die Tätigkeit des Kindes mit entsprechenden Anregungen begleiten.

Die Entwicklung der Intelligenz, des seelischen Gleichgewichtes und der sozialen Anpassung eines Kindes sind in den ersten beiden Lebensjahren eng mit der Entwicklung der Körperkontrolle und der Fortbewegung verknüpft. Somit kann *Bewegung* als erste Kommunikationsform des jungen Menschen betrachtet werden. Tast- und Bewegungsempfindungen sind die frühesten Sinneseindrücke, die ein Mensch wahrnehmen kann.

Da die *Atmung* Grundlage allen Lebens ist, darf auch sie bei der Basisförderung nicht vergessen werden. Beginnen wir gleich damit:

Atmung und Entspannung

Das Leben fängt mit dem ersten Atemzug an. Die Atmung hat die Aufgabe, den Organismus am Leben zu erhalten und zu regenerieren. Durchschnittlich geschieht dieser Vorgang 24000 mal täglich ohne Pause, ohne großen bemerkenswerten Energieaufwand, ohne dass wir etwas dazu tun. Diese Atmung wird Vollatmung oder Bauchatmung genannt. Sie wird sichtbar durch eine Weitung des Bauchraumes – die Bauchdecke hebt sich und senkt sich beim Ausatmen wieder. Daran beteiligt sind neben der Lunge unter anderem das Zwerchfell, die Bauchdeckenmuskulatur, die Rückenmuskulatur, die seitliche Rumpfmuskulatur, die Wirbelsäule, das Becken mit Beckenboden sowie alle dazugehörenden Muskeln, Sehnen und Bändern. Nur diese Bauchatmung hat eine positive Auswirkung auf den Stoffwechsel und auf alle Bauchorgane. Moderne Lebensgewohnheiten und vor allem Stress führen dazu, dass viele Menschen schon im Kindesalter die natürliche Bauchatmung verlernen und sich eine Press- oder Flachatmung angewöhnen. Die Auswirkungen auf unsere körperlich-geistig-seelische Verfassung sind gewaltig.

Bei der Atmung wird zwischen Ruheatmung und Sprechatmung unterschieden.

Sprechatmung

Die Sprechatmung tritt bei allen körperlichen Aktivitäten auf, z.B. schnellem Gehen, Holzhacken, Sport oder beim Sprechen. Die Sprechatmung erfordert ein größeres Luftvolumen als die Ruheatmung. Beim Sprechen werden nur zehn Prozent der Atemzeit für das

Einatmen und neunzig Prozent für das Ausatmen verbraucht, denn Sprechen erfolgt mit dem Ausatemstrom. Ist dieser zu schwach oder zu kurz, kann es vorkommen, dass das gesprochene Wort verschluckt oder nur gehaucht wird. Damit die Aussprache verständlich wird, muss gleichmäßig geatmet werden.

Ruheatmung

Sie tritt zum Beispiel beim Schlafen, beim Lesen, beim Fernsehen auf. Bei der Ruheatmung werden ungefähr vierzig Prozent der Atemzeit für das Einatmen und sechzig Prozent für das Ausatmen verbraucht. Auch für die Ruheatmung ist die gleichmäßige Dosierung des Atems notwendig, denn die Atemzüge müssen zur Erzeugung eines Ruhe- oder Entspannungszustandes tiefer und die Atemfrequenz langsamer werden. Durch diese Absenkung wird die Muskulatur entspannt, das vegetative Nervensystem entlastet und der gesamte Organismus kann sich somit erholen. Durch bewusstes, ruhiges Atmen kann Stress abgebaut werden.

Entspannung durch Atmung

Die Atmung ist bei den unterschiedlichsten Entspannungstechniken von größter Bedeutung. Erst durch die Senkung der Atemfrequenz in der Ruheatmung wird es möglich, sich auf bestimmte Entspannungstechniken, wie sie bei Ruhe- und Stilleübungen, Übungen zur Muskelentspannung und dem autogenen Training vorkommen, einzulassen. Unterstützen Sie Ihr Kind durch Entspannungsübungen, den Alltagsstress zu vergessen. Nutzen Sie dabei die Fantasie der Kinder und bieten Sie ihnen mit altersgemäßen Geschichten, Fantasieerzählungen oder Märchen die Gelegenheit, die angenehme Wirkung von Entspannung zu erleben und zu erfahren. Das Kind bekommt dadurch die Möglichkeit, den eigenen Körper bewusster wahrzunehmen und die Atmung zu fühlen.

Wenn Sie neugierig geworden sind, probieren Sie nachfolgende Spiele einfach mal aus.

Auch eine Vielzahl von Büchern ist zu diesem Thema erschienen, Hinweise finden Sie im Anhang.

Fragen Sie doch auch bei örtlichen Volkshochschulen nach Kursen wie

- autogenes Training für Kinder
- Yoga für Kinder

Praktische Tipps für Atem- und Entspannungsspiele

- Schaffen Sie eine angenehme Atmosphäre.
- Nehmen Sie sich Zeit und sorgen Sie dafür, dass Sie ungestört sind.
- Schalten Sie alle störenden Reize wie z.B. Fernseher, Radio, grelles Licht ... ab.
- Entspannung gelingt nur, wenn auch der Vorleser entspannt und nicht abgelenkt ist.
- Wählen Sie einen geeigneten Untergrund – wie z.B. kuschelige Decken.
- Wählen Sie die Geschichten nach den Vorlieben des Kindes aus.
- Lassen Sie dem Kind Zeit, sich auf die Geschichten einzulassen.
- Meditative Musik kann unterstützend wirken.
- Entspannungsspiele und -geschichten eignen sich auch gut vor dem Einschlafen.

ATEM SPÜREN

Atemspiel

Nehmen Sie sich eine halbe Stunde Zeit. Legen Sie sich mit Ihrem Kind auf bequeme Decken und Kissen. Atmen Sie ein und beobachten Sie Ihren Bauch – spüren Sie mit der Hand, wie der Bauch immer dicker und dicker wird und wie er dann beim Ausatmen wieder flach zusammenfällt. Regen Sie Ihr Kind an, das Gleiche zu tun, dann beobachten Sie sich gegenseitig, fühlen Sie, wie der Bauch des anderen immer dicker und dicker wird und anschließend wieder verschwindet.

Sanfte, ruhige Klänge, meditative Musik und Fantasiereisen unterstützen die ruhige Atmung und führen zur Entspannung.

AUSFLUG ZUR FAMILIE BÄR

Entspannungsspiel

Tiergeschichten bieten sich gerade für jüngere Kinder gut als Grundlage für Entspannungsübungen an. Sie könnten wie folgt aussehen:

> Die Familie Bär ist müde.
> Mama Bär reckt sich und streckt sich, Papa Bär reckt sich und streckt sich, die Bärenkinder recken und strecken sich.
> Das Bärenkind gähnt.
> Jetzt wird es Zeit zum Schlafen.
> Alle Bären legen sich zum Schlafen bequem in ihrer Höhle hin.
> Sie atmen ganz langsam ein und aus, ein und aus.
> Da, hörst du? Papa Bär ist schon eingeschlafen, er schnarcht leise.
> Auch Mama Bär schläft schon.
> Nur das Bärenkind kann nicht schlafen.
> Es fühlt sich einsam.
> Die Füße sind kalt.
> Es möchte gerne kuscheln.
> Und so krabbelt es auf den Bauch der Bärenmama.
> Dort ist es wunderbar warm, weich und gemütlich.
> Der dicke Bauch der Mama hebt und senkt sich,
> während sie ein- und ausatmet.
> Sie atmet ganz tief und ruhig ein und aus, ein und aus.
> Das Bärenkind kuschelt sich ganz fest an die Mama an.
> Es fühlt sich wohl.
> Sein ganzer Körper ist jetzt wunderbar warm.
> Endlich schläft es ein und atmet dabei ganz langsam ein und aus.
> Am nächsten Morgen, nach einer langen Nacht, kitzelt jemand die Nase des Bärenkindes.
> Ein Sonnenstrahl hat den Weg in die Bärenhöhle gefunden.
> Da wacht das Bärenkind langsam wieder auf.
> Es reckt und streckt sich und steht gut gelaunt auf.

Die Geschichte wird nachgespielt, die Bewegungen ergeben sich aus dem Inhalt der Geschichte. Die letzten Zeilen auslassen, falls die Geschichte vor dem Einschlafen gelesen wird.

PLÄTZCHEN BACKEN

Massagespiel/Stillespiel

Auch Verse und Reime eignen sich für Entspannungs- und Stillespiele. Die Kinder liegen dabei am Boden auf dem Bauch und können die Augen schließen.

Heute woll'n wir Plätzchen backen, gute feine Plätzchen backen.	*Kind liegt auf dem Bauch, die Mutter streicht sanft über den Rücken des Kindes*
Kinder, kommt helft alle mit, heute backt die Mama Schmitt.	
Refrain:	
Ob der Teig auch wirklich schmeckt, schnell was in den Mund gesteckt.	*vorsichtig zupfen – so tun, als ob man ein Stück vom Teig abzupft und in den Mund steckt*
Mehl und Butter, Eier, Zucker kneten Kinder mit der Mutter.	*den Rücken kneten*
Refrain: Ob …	
Und die lieben Kinder wollen nun den Plätzchenteig ausrollen	*mit den Fäusten über den Rücken rollen*
Refrain: …	
Kinder stecken nun zugleich Plätzchenformen in den Teig.	*die Finger sanft in den Rücken drücken*
Refrain: …	
Mutter Schmitt tut nun zufrieden die Plätzchen in den Ofen schieben.	*die Hände über den Rücken schieben*
Düfte zieh'n durch's ganze Haus, die Plätzchen müssen schnell heraus.	*mit den Fingern über den Rücken krabbeln* *leichter Klaps auf den Po*

Diese einfache Massage ist auch schon für ganz kleine Kinder geeignet. Mit diesem Spiel wird die Körperwahrnehmung verbessert, das Kind wird durch die sanften Berührungen ruhig, atmet gleichmäßig und entspannt sich.

Sinnesschulung

Damit wir die Informationen, die über Sprache, Mimik, Gestik und Bewegung angeboten werden, richtig entschlüsseln können, ist es notwendig, diese Wahrnehmungsreize richtig aufzunehmen, zu unterscheiden und zu verarbeiten. Die Sinnesorgane können wir uns dabei als Empfänger vorstellen, die über bestimmte Rezeptoren Reize empfangen.

Damit die Umgebung mit den Sinnen wahrgenommen werden kann, müssen alle Sinne harmonisch zusammenspielen. Deshalb ist es wichtig, alle Sinne auf möglichst vielfältige Weise anzuregen und zu fördern.

Tasten/Fühlen

Der Tastsinn ist der Sinn für das Spüren, der Sinn für die Lage im Raum und der Sinn für die Bewegungen. Diese Sinnesorgane nehmen Berührung, Schmerzen, Hitze und Kälte, Beschaffenheiten von Gegenständen und Druck wahr. Der Tastsinn ist das erste Wahrnehmungssystem, das im Mutterleib funktioniert. Durch Berührungen werden auch unterschiedlichste Empfindungen ausgelöst. Mit folgenden Anregungen können Sie Ihrem Kind helfen, neue Tasteindrücke zu sammeln.

SINNESANREGUNGEN FÜR DEN GANZEN KÖRPER

- *Kuscheln:* Es gibt vielfältige Möglichkeiten zu kuscheln, wie z.B. beim Erzählen von Geschichten oder aber vor dem Einschlafen oder vor dem Aufstehen.
- *Schaukeln* auf der Schaukel, dem Schaukelpferd, der Hängematte und dazu Schaukellieder singen.
- *Körperkunst:* Beim Baden den Körper mit Rasierschaum oder Körperfarben bemalen, waschen mit unterschiedlichen Waschlappen, Schwamm, Massagehandschuh etc.
- *Massage:* Nach dem Baden den Körper liebevoll mit einem Frotteehandtuch abrubbeln, oder Babymassagen, Massagen mit Massageöl durchführen.
- *Massagespiele:* Massieren mit dem Igelball, Bürste, Massagehandschuh, Schwamm. Auch Federn oder Tücher eignen sich für sanfte Streichelspiele.
- *Bällebad/Bohnenbad/Kastanienbad:* Eine Wanne oder einen großen Karton mit einem der Materialien befüllen, das Kind kann sich hineinsetzen, hineinstellen oder darin »baden«. Auch können in diesen »Bädern« kleine Schätze versteckt werden, wie z.B. kleine Tiere, Muscheln o.Ä., die das Kind dann als Schatzsucher durch Ertasten findet.
- *Rückenrätsel:* Auf den Rücken des Kindes mit dem Finger geometrische Formen malen, das Kind errät das Gemalte.
- *Trampolinspringen:* Alternativ dazu bieten sich Matratzen, Sofas, dicke Polster zum Hüpfen an.
- *Schminkspiele:* Das Gesicht eincremen, Gesichtsmaske aus Gurkenscheiben oder Creme herstellen. Schönheitswettbewerb: Wer hat die schönste Maske, das beste Creme-Make up, oder wer sieht am gruseligsten aus?
- *Feuchtes Element:* Spielen im Schnee oder im Wasser.

Bewegungs- und Körperempfinden schafft die Basis für gutes Hör- und Sprechvermögen.

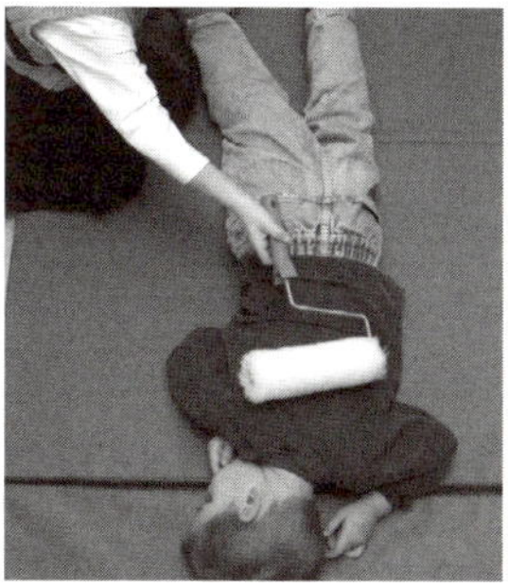

Entspannte Wahrnehmungsspiele: eine Wohltat auch für zwischendurch.

SINNESANREGUNGEN FÜR DIE HÄNDE

- *Kneten* von Salzteig, Ton, Knete, aber auch von Kuchenteig bietet vielfältige Sinneseindrücke.
- *Malen mit Fingerfarben:* Bilder entstehen ganz ohne Pinsel.
- *Matschen* mit Schlamm, nassem Sand, Erde macht besonders viel Spaß.
- *Händedruck* (Fußdruck): Hände mit Wasserfarben bemalen und einen Abdruck auf Papier machen, auch als Gipsabdruck möglich. Auch geeignet als schnelles Geschenk!
- *Im Wasser* pantschen, Hände waschen, Hände einseifen.
- *Handmassage:* Eincremen, mit verbundenen Augen die Hände anderer abtasten.
- *Tastmeister:* Dinge beim Spaziergang sammeln, anschließend in einen Kissenüberzug oder Sack stecken und nur durch Tasten wiedererkennen und erraten. Es eignet sich dazu aber auch alles, was sich im Haushalt oder in der Werkstatt findet.
- *Tastmemory:* Mehrere Paare von Gegenständen unter einem Tuch verstecken und durch Ertasten die Paare finden.

TASTANREGUNGEN FÜR DEN MUNDRAUM

Eine gute Wahrnehmung des Mundraumes bildet die Basis für die Sprachentwicklung, da die Laute mit unterschiedlichem Druck und in variierender Zungenlage an verschiedenen Stellen des Mundraumes gebildet werden.

- *Essenstester:* Unterschiedliche Lebensmittel erraten, dazu eignet sich alles, was Ihr Kind gern essen mag. Dieses Spiel kann mit verbundenen Augen gespielt werden. Die Mama gibt dem Kind eine Essensprobe, das Kind soll erraten, was es gerade gegessen hat. Danach werden die Rollen getauscht.
- *Formenprüfer:* Apfel-, Karotten- oder Kohlrabischeiben in kleine Formen wie Kreis, Viereck, Dreieck, Ring schneiden und dem Kind zum Erraten in den Mund geben.

- *Hart oder weich:* Unterschiedliche Eigenschaften von Lebensmitteln erspüren – weich, hart, knusprig, klebrig, kalt, heiß ... Dieses Spiel erfordert kaum Aufwand, es lässt sich beim gemeinsamen Essen ganz spontan spielen.
- *Buchstabenkönig:* Buchstaben nicht mit den Augen, sondern mit der Zunge erraten – dazu eignen sich kleine rohe Suppennudeln O / U / I. Wer wird Buchstabenkönig? Für Kinder, die noch keine Buchstaben kennen, werden die Formen mit Namen versehen z.B. Ball, Hufeisen, Knochen.
- *Zungenspiele:* Mit der Zunge bewusst den gesamten Mundinnenraum erforschen. Mit der Zunge die Zähne putzen. Mit der Zunge die Zähne zählen. Mit der Zunge in die Wangen bohren. Mit der Zunge zwischen Lippen und Zähnen im Mundvorhof spazieren gehen. Mit der Zunge schnalzen.
- Viele weitere Spiele, die gezielte Anregungen für den gesamten Mundraum und die Sprechwerkzeuge geben, finden Sie ab Seite 112.

Sehen

Um aus der Umwelt Sinneseindrücke über Mimik, Gestik, Bewegungen, Schrift, Bilder etc. wahrnehmen zu können, ist es notwendig, mit den Augen Dinge fixieren zu können. Zum Erlernen der Sprache bildet neben dem Hören auch das Sehen eine wichtige Grundlage. Denn aus dem Mundbild der einzelnen Sprachlaute, der Mimik und der Gestik kann zusammen mit dem Höreindruck der Laut in seiner Gesamtheit wahrgenommen und verinnerlicht werden. Mit Hilfe der Kontrolle über den Tastsinn werden dann vom Kind die Lippenbewegungen der Mutter nachgeahmt – z.B. das Vorschieben der Lippen zum »Rüssel«, der für die Bildung des |sch| notwendig ist. Mit folgenden Anregungen können Sie die visuelle Wahrnehmung Ihres Kindes fördern.

KUCKUCK

Papa oder Mama verstecken sich hinter Möbeln oder Tüchern und tauchen wieder auf – ebenso können Spielsachen versteckt und vom Kleinkind wiedergefunden werden.

ADLERAUGE

Beobachten Sie bei Spaziergängen die Natur/Umwelt genau. Suchspiele wie: Einer sucht alles, was grün ist, der andere sucht Blätter, der nächste Steine ... bieten sich ebenso an wie das Beobachten von Tieren (Specht im Wald, Ameisen, Kühe auf der Wiese).

DINGE FINDEN

Sammeln Sie mit Ihrem Kind Dinge wie Zapfen, Nüsse, Hölzer, Steine etc. Daraus lassen sich Sortierspiele herstellen, z.B. Größen, Farben, Formen, Eigenschaften wie hart – weich, rau – glatt; so bieten Sie dem Kind vielfältige Erfahrungen und erweitern zudem spielerisch den Wortschatz.

»ICH SEHE WAS, WAS DU NICHT SIEHST«

Eine Person darf sich einen bestimmten Gegenstand, der sich im Raum befinden muss, aussuchen. Die restlichen Mitspieler müssen diesen Gegenstand durch gezielte Fragen erraten. Dabei ist es sinnvoll, nach bestimmten Eigenschaften des Gegenstandes zu fragen. Der Befragte darf die Fragen mit Ja oder Nein beantworten. Derjenige, der errät, um welchen Gegenstand es sich handelt, darf sich als Nächster ein Ding, das erraten werden soll, überlegen.

KIMSPIELE

Kimspiele bieten sich für zwei oder mehrere Personen an. Sie benötigen hierzu mehrere unterschiedliche Gegenstände, die Anzahl hängt von der Merkfähigkeit Ihres Kindes ab. Legen Sie zum Beispiel ein Auto, einen Ball, eine Kuh und eine Schere auf den Tisch. Dann fordern Sie Ihr Kind auf, die Augen zu schließen (Maske aufsetzen), und nehmen Sie ein Ding weg. Das Kind darf dann die Augen öffnen und soll erraten, welcher Gegenstand fehlt. Anschließend werden die Rollen getauscht. Variation: Es wird kein Gegenstand weggenommen, sondern die Reihenfolge geändert oder aber es wird noch ein Gegenstand hinzugefügt, der dann erraten werden soll.

Sehen, merken, erkennen: In der Spracherziehung hat visuelle Förderung einen wichtigen Platz.

DER SEHER

Dinge aus bestimmten Blickwinkeln sehen: z.B. durch Schlüssellöcher schauen, mit dem Fernglas schauen, durch Pappröhren gucken, mit Lupen vergrößern. Dies fördert spielerisch die visuelle Wahrnehmung.

SPIEGELBILD

Spiele mit dem Spiegel: sich selbst im Spiegel beobachten, andere im Spiegel beobachten, Grimassen schneiden vor dem Spiegel.

Fernsehen

Sehen – Fernsehen

Fördert denn das Fernsehen auch die visuelle Wahrnehmung, das Hörvermögen oder die Aussprache? Schließlich gibt es da ganz viele Bilder anzuschauen und viele Menschen sprechen auf der Mattscheibe miteinander. Doch zur Förderung ist der Bildschirm nicht geeignet – im Gegenteil:
Im Mai 2001 wurde an zwei Psychologen der Uni Freiburg – Dr. Myrtek und Herrn Scharf – ein Wissenschaftspreis für ihre aufwändige Studie zu den Folgen von TV-Massenkonsum verliehen. »Sie haben wissenschaftlich bewiesen, dass Fernsehen einsam macht, abgestumpft macht und sich ne-

gativ auf die schulischen Leistungen auswirkt. Auch wird durch vermehrten Fernsehkonsum das Sporttreiben, das Treffen mit Freunden und Musikspielen eingeschränkt. Zudem empfinden ›Vielseher‹ viel mehr Stress als ›Wenigseher‹.« (Süddeutsche Zeitung, 10.5.2001)
Weitere Beobachtungen in der Praxis zeigen, dass Kinder, die viel Zeit vor dem Fernseher oder dem Computer verbringen, weniger Anlässe zum Sprechen haben. Schließlich stört Sprechen beim Fernsehen. Das hat zur Folge, dass die sprachlichen Fähigkeiten bei Kindern verkümmern; denn Sprechen erlernt man durch Training der Sprechwerkzeuge, beim Unterhalten, beim Erzählen – und das geschieht nur durch zwischenmenschliche Kontakte.

Schmecken

Auch der Geschmackssinn ist für Kinder sehr wichtig. Durch ausgeprägte Geschmackserfahrungen werden der gesamte Mundraum und damit auch die Sprechwerkzeuge gefördert. Der Säugling nimmt gleich nach der Geburt durch das Saugen an der Brust Kontakt mit der Mutter auf, er macht intensive Erfahrung durch den Tastsinn und den Geschmackssinn. Die Zellen, die für das Schmecken zuständig sind, haben ihren Sitz auf der Zunge und werden Geschmacksknospen genannt. Sie nehmen süß, sauer, salzig und bitter wahr und leiten die Sinneseindrücke an das Gehirn weiter. Dort werden diese Regionen immer aktiviert, wenn etwas Ähnliches geschmeckt wird – es entstehen so genannte Geschmacksbilder, die für gute und schlechte Erfahrungen abgespeichert werden. Folgende Anregungen bieten sich an, um möglichst viele angenehme Geschmacksbilder bei Ihrem Kind zu erzeugen:

- Ab dem ersten Lebensjahr dem Kind vielfältige Nahrungsmittel zum Essen anbieten, dadurch kann sich eine Geschmacksvielfalt entwickeln.
- Vielfältige Konsistenzen zum Essen anbieten: Durch intensives Kauen verändert sich der Geschmack eines Lebensmittels; das ist das beste vorsprachliche Training!
- Harte Nahrungsmittel anbieten wie rohes Gemüse und Obst, hartes Brot, Knäckebrot.
- Verschiedene Nahrungsmittel am Geschmack erraten: Lassen Sie die Lebensmittel zuerst am Geruch erkennen und dann am Geschmack erraten, Sie werden erstaunt sein, wie ähnlich manche Dinge schmecken. Tauschen Sie bei diesem Spiel unbedingt die Rollen.
- Unterscheiden von süß (Gummibärchen) und sauer (Essiggurke), salzig (Salzbrezel) und bitter (Grapefruit, Chicorée).
- Beim Kochen mithelfen lassen, dabei die Nahrungsmittel im Rohzustand und gekocht probieren lassen.

GESCHMACKSPRÜFER

Unterschiedliche Lebensmittel werden auf Tellern angerichtet, es müssen von jedem Lebensmittel mehrere Stückchen zur Verfügung stehen. Das Kind hat die Augen verbunden. Geben Sie dem Kind eines der Lebensmittel in den Mund. Das Kind versucht herauszufinden, was es gerade schmeckt, und benennt das Lebensmittel. Wenn es das noch nicht kann, zeigt es auf das entsprechende Lebensmittel auf dem Teller. Nun werden die Rollen getauscht. Dieses Spiel eignet sich für alle oben aufgeführten Ideen.

Riechen

Schmecken und Riechen gehören sehr eng zusammen, sie beeinflussen sich gegenseitig, was am besten nachvollziehbar ist, wenn Sie daran denken, wie diese Sinne bei einer starken Erkältung beeinträchtigt sind. Ist die Nasenatmung behindert, kann es zu Konzentrationsstörungen wegen mangelnder Sauerstoffversorgung des Gehirns kommen. Des weiteren wird durch ständige Mundatmung eine falsche Zungenlage antrainiert, was Aussprachestörungen zur Folge haben kann. Auch wirkt sich eine ständige Mundatmung negativ auf die Mundflora aus, der Mundraum trocknet schneller aus, Zahnbelag bildet sich, Mundgeruch entsteht, rissige Lippen, Infekte können die Folge sein. Auch die so genannten Polypen können sich negativ auf Nasenatmung und Geruchssinn auswirken.

Polypen

Stichwort »Polypen«

Ein kleiner Ausflug in die Medizin: Als Bestandteil des lymphatischen Systems befindet sich im oberen Abschnitt des Rachens die Rachenmandel, im Volksmund auch Polypen genannt. Es wird angenommen, dass diese lymphatischen Organe Bakterien und Viren vernichten, die über den Mund aufgenommen werden. In Einzelfällen kann bei Kindern die Rachenmandel so groß sein, dass sie die Atmung behindert. Die Kinder atmen dann zumeist durch den Mund ein und aus, zudem berichten die Eltern häufig über nächtliches Schnarchen. Treten diese Symptome zusammen mit gehäuften Atemwegsinfekten auf, ist es sinnvoll, einen Kinderarzt oder HNO-Arzt aufzusuchen, um eine geeignete Behandlung einzuleiten. Manchmal ist dabei auch eine Entfernung der Rachenmandel notwendig,

bei vielen Kindern hilft aber auch eine »Sanierung« der Atemwege. Die Infektionsursachen sollten also aus medizinischer Sicht geklärt bzw. über Inhalationen, Stärkung des Immunsystems etc. behandelt werden.
Um den therapeutischen Erfolg nicht zu gefährden, ist es für alle betroffenen Kinder äußerst wichtig, die bestehende Mundatmung auf Nasenatmung umzustellen. Nützliche Tipps und Spiele hierzu finden Sie im Kapitel »Spiele für die Sprechwerkzeuge«.
Weitere wichtige lymphatische Organe der Rachenwand sind die Gaumenmandeln oder Tonsillen, im Volksmund »Mandeln« genannt. Da auch sie für unsere körpereigenen Abwehrkräfte sehr wichtig sind und bei Kindern die Immunabwehr erst aufgebaut werden muss, sind die Mandeln bei Kindern meist größer als bei Erwachsenen.

Zurück zum Geruchssinn: Dieser wird oft unterschätzt. Seine Bedeutung wird vielleicht etwas klarer, wenn wir uns den Ausspruch »Du stinkst mir« ansehen. Der Geruchssinn nimmt Einfluss auf unser Unterbewusstsein; denn ob wir einen Menschen sympathisch finden oder nicht, hängt nicht zuletzt auch von diesem Sinn ab. Es heißt nicht umsonst: »Ich kann dich gut riechen.« Auch für Kinder kann die Wahrnehmung von (angenehmen!) Gerüchen und Düften zu einem anregenden Spiel werden.

Nachfolgend nur ein Beispiel, mehr dazu erfahren Sie bei den Spielen für die Einatmung (ab Seite 137).

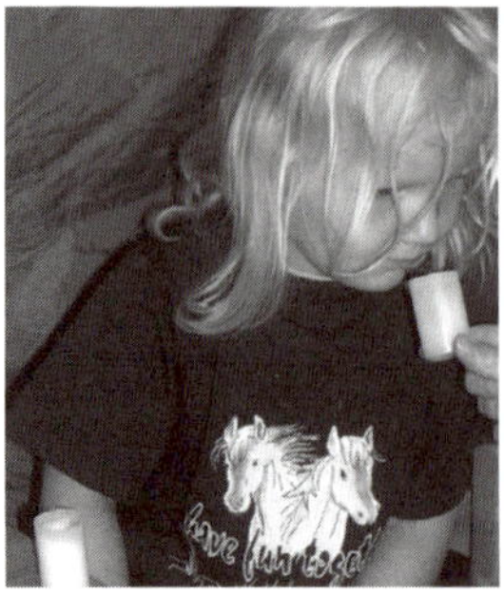

Mit Riechspielen können Sie auf angenehme Weise die Nasenatmung fördern.

IN DER KÜCHE

Suchen Sie gemeinsam mit Ihrem Kind Lebensmittel, die riechen oder duften. Danach füllen Sie einige dieser Dinge in kleine Filmdosen oder andere Behälter. Nun darf jeder der Reihe nach, mit verbundenen Augen, an einem der Döschen schnuppern, um anschließend zu erraten, um welches Lebensmittel es sich handelt. Das gleiche Spiel kann auch mit Blumen oder Gartenkräutern gespielt werden.

Hören

Ein besonders wichtiger Sinn für die Entwicklung der Sprache ist das Gehör. Deshalb haben wir diesem Sinn ein eigenes Kapitel gewidmet: Spiele zum Hören (siehe Seite 59–87).

Bewegungsförderung

Viele sprach- und entwicklungsverzögerte Kinder haben Schwächen im motorischen Bereich, also in der Entwicklung der Bewegungsfähigkeit. Eine gezielte Bewegungserziehung erhält dadurch besondere Bedeutung: Einerseits sollen die Bewegungsrückstände ausgeglichen werden, andererseits sollen Sinneskanäle erschlossen werden, die Hören und Sehen unterstützen können. Dies sind im Besonderen die Sinne für Bewegung, Tasten, Gelenkstellungen und Muskelspannung. Es ist zu erwarten, dass sich alle geförderten Sinne gegenseitig aktivieren.

Durch gezielte Bewegungserziehung wird dem Kind seine eigene Körperlichkeit und Identität bewusst. Dabei werden nicht nur Fortbewegungsmöglichkeiten ausdifferenziert, sondern die Leistungen aller Sinne gesteigert. Nur wenn auf früheren Stufen der Entwicklung die Umwelt mit vielen Sinnen gleichzeitig erfasst werden kann, besteht später die Chance, Gegenstände oder Zusammenhänge mit einem Sinn allein wahrzunehmen.

Vieles von dem, was unter dem Kapitel der Bewegungsförderung genannt wird, erscheint im ersten Moment selbstverständlich. Man möchte denken, dass da doch viele Dinge genannt werden, die eigentlich gar nicht mit einem Kind geübt werden müssen, da Mädchen und Jungen diese Dinge doch von selbst tun. Dies war möglicherweise früher so, als Kinder die Gelegenheit hatten, viel draußen zu spielen und ihre Bewegung zu trainieren. Heute leiden viele Kinder an Bewegungsmangel, wodurch ihnen wichtige Erfahrungen auf diesem Gebiet fehlen.

Bewegungsförderung wirkt auf vielen Ebenen:

- Sie gibt dem Kind Gelegenheit zu Aktivität, Spontaneität und Kreativität
- befriedigt die vitalen motorischen Bedürfnisse des Kindes
- ermöglicht die Integration in Gruppen
- baut Leistungsunsicherheit ab und fördert Selbstvertrauen
- koordiniert die Leistungen aller Sinne
- fördert das Körperbewusstsein
- steigert Ausdauer und Belastbarkeit
- verschafft Freude am eigenen Tun
- baut Kontaktschwierigkeiten, Kommunikationsstörungen und Verhaltensauffälligkeiten ab

Das folgende Kapitel zeigt die Bewegungserfahrungen auf, die Kinder machen sollten. Suchen Sie sich die Bereiche aus, die Sie für Ihr Kind als wichtig erachten.

Die nachfolgenden Anregungen sind aufeinander aufgebaut. Alle Inhalte werden nur kurz angedeutet. Vieles ist aber ganz von selbst zu verstehen und kann mit etwas Fantasie und Kreativität leicht umgesetzt werden. Besonders wichtig ist es, dass Sie als Eltern aktiv an diesen Bewegungsspielen teilnehmen und Ihr Kind so beim Sammeln dieser Erfahrungen unterstützen und ihm dabei viel Lob und Zuwendung geben. Solche positiven Erfahrungen wirken sich fördernd auf die Motorik aus und helfen auch mal über einen Misserfolg hinweg. Nutzen Sie jede Gelegenheit, die sich bietet, um mit Ihrem Kind in Bewegung zu sein, denn nur wenn Sie selbst mit Lust und Freude dabei sind, können Sie diese Freude an Ihr Kind weitergeben und ihm so zu motorischer Sicherheit verhelfen.

Oft bieten Sportvereine, Volksbildungswerke oder Kindergärten spezielles Kinderturnen an. Manchmal gibt es solche Möglichkeiten schon für Kinder ab eineinhalb Jahren wie z.B. beim Mutter-Kind-Turnen. Im Anhang finden Sie empfehlenswerte Bücher zum Thema.

Krabbeln und Kriechen
Endlich vorwärts kommen

Sobald Ihr Kind beginnt sich fortzubewegen, ist es sinnvoll, vielfältige Bewegungsangebote zu schaffen, denn Kinder brauchen Möglichkeiten, ihren Körper auszuprobieren. Selbst wenn Ihr Kind schon laufen kann, macht es ihm immer wieder Spaß, sich auf dem Boden fortzubewegen. Nachfolgende Gelegenheiten bieten sich an, um mit Krabbeln und Kriechen Erfahrungen zu sammeln:

- auf unterschiedlichem Untergrund: z.B. in der Wohnung auf Fliesen, Parkett, Teppich, oder im Freien auf der Wiese, im Sand, auf dem Spielplatz, auf Waldboden
- vorwärts und rückwärts krabbeln, Fangen spielen, Treppen vorwärts hinauf- und rückwärts herunterkrabbeln
- zwischen Hindernissen hindurch, um Hindernisse herum, über Hindernisse krabbeln – Möbel, Polster, Kisten, auch die Beine von Mama sind geeignet

- Wir verwandeln uns in Tiere und krabbeln durch die Wohnung: als Raupe in Bauchlage über den Fußboden kriechen, als Katze auf allen Vieren durch das Zimmer schleichen, als Kamel auf Händen und Füßen durch das Zimmer laufen

Beim Gehen und Laufen sicher werden

Schon geht's auf die Beine

Schaffen Sie vielfältige Gelegenheiten zum Gehen und Laufen. So lernt Ihr Kind die Bewegungen aufeinander abzustimmen und übt Gleichgewicht und Koordination. Solche Möglichkeiten bieten sich auf dem Weg zum Kindergarten/Einkaufen/Spaziergang im Park/zu Hause/beim Kinderturnen.

Wichtige Erfahrungen kann Ihr Kind sammeln beim Gehen und Laufen

- auf Holz, Kies, Sand, weicher Matte, Treppe, Schnee, Laub, Holzboden, Steinboden, Bausteinen
- mit Schuhen, auf Strümpfen, barfuß, mit Turnschuhen
- auf dem Schwebebalken, auf dem Seil, auf dem Reifen, über die Weichmatte
- als Riese oder Zwerg
- vorwärts, rückwärts oder seitwärts
- beim Fangen spielen (Schwarzer Mann, Blinde Kuh)
- Schleichen und Sichanschleichen, wie Indianer, Katze, Tiger

HINDERNISLAUF

Bauen Sie in Ihrem Garten oder in der Wohnung einen Hindernisparcours auf: z.B. aus Stühlen, Decken, Kissen, Seilen, Kartonstreifen, Luftmatratze. Überwinden Sie ihn zusammen mit Ihrem Kind zunächst im Gehen, vorwärts und rückwärts, dann vielleicht als Riese oder Zwerg, Indianer oder Tiger. Sicherlich fallen Ihnen dazu noch viele Möglichkeiten ein.

Hüpfen und Springen

Das Problem mit der Schwerkraft

Sobald Ihr Kind sicher gehen und laufen kann, wird es Interesse am Hüpfen zeigen. Nun ist es an der Zeit, die Bewegungsmöglichkeiten für Ihr Kind auszuweiten. Zu Hause können Sie nachfolgende Anregungen umsetzen:

- hüpfen auf beiden Beinen (in der Wohnung, beim Spazierengehen ...)
- hüpfen auf einem Bein
- hüpfen auf verschiedenen Unterlagen (Holz, Steinboden, Matratze, Matte, Trampolin)
- Weitsprung in den Sandkasten (wie ein Pferd, Känguru)
- Tiere nachahmen, springen wie ein Pferd, hüpfen wie ein Hase (auch Hochspringen)
- Seilspringen

Rollen, werfen, fangen

Nun kommt der Ball hinzu

Die erste Form des Spiels mit dem Ball ist das Zurollen. Das Kind lernt, den Ball auf ein bestimmtes Ziel hin zu bewegen. Möglichkeiten hierzu bieten sich durch folgende Spiele:

- am Boden sitzen und sich den Ball zurollen
- den Ball unter dem Stuhl hindurchrollen
- im Stehen den Ball zwischen den Beinen durchrollen

Werfen und Fangen setzen beim Kind Koordination von Auge und Hand voraus. Sie können diese Fähigkeiten durch Ballspiele mit Ihrem Kind üben.

- Ball zuwerfen und auffangen – mit weichem Ball beginnen, der Abstand dabei ist zunächst gering. Den Schwierigkeitsgrad langsam steigern.

- Regeln beim Werfen, Fangen, Rollen und Prellen beachten lernen: durch Regel- und Wettspiele
- Zielwerfen / Zielschießen
- Kegeln
- Kopfball

DOSENWERFEN

Sechs leere Konservendosen werden auf dem Tisch als Pyramide aufgebaut. Nun versuchen Mama und Kind abwechselnd, die Dosen mit einem Ball abzuwerfen. Wer hat am Schluss die meisten Dosen getroffen? Kann auch als Kegelspiel gespielt werden, dazu werden die Dosen am Boden aufgebaut.

Balancieren und Schaukeln lernen

Nur nicht aus dem Gleichgewicht kommen!

Diese beiden Fähigkeiten fordern unseren Gleichgewichtssinn. Ein Kind mit einem ausgeprägten Gleichgewichtssinn kann sich geschickter bewegen als eines, bei dem das Gleichgewicht unsicher ist. Koordination von Auge und Fuß ist dabei gefordert. Fördern Sie Ihr Kind, indem Sie ihm die Möglichkeiten bieten zum Balancieren auf

- Linien, Seilen
- Baumstämmen
- Begrenzungssteinen
- Leitern
- Langbank
- Schwebebalken

AKROBATEN

Spielen Sie mit Ihrem Kind Seiltänzer. Benutzen Sie dazu ein langes Seil, breite Geschenkbänder oder einen schmalen PVC-Streifen, die Sie auf den Boden legen. Ihr Kind kann nun wie ein Seiltänzer darüber gehen, dabei auf einem Bein stehen, in die Hocke gehen – so wie es eben die Seiltänzer machen. Tauschen Sie die Rollen und ersinnen Sie immer neue akrobatische Zirkusnummern.

Beim Schaukeln bringt sich das Kind selbst in Schwung, indem es sein Körpergewicht verlagert. Fördermöglichkeiten bieten sich zum Beispiel:

- auf dem Schaukelpferd
- in der Hängematte
- auf dem Schaukelstuhl
- auf der Schaukel

Begleiten Sie das Schaukeln mit Schaukelversen oder Liedern wie zum Beispiel: »Schaukel hin und schaukel her, kleiner Frosch und großer Bär«, »Schaukel hin und schaukel her, Schaukeln, das ist gar nicht schwer«.

Beim Klettern und Steigen Sicherheit gewinnen

Jetzt geht's hoch hinaus

Sobald das Kind sich sicher fortbewegen kann, hat es Spaß daran, Hindernisse zu überwinden. Die Basis für diese Fähigkeiten bilden die vorher beschriebenen Bereiche. Vielfältige Möglichkeiten für Klettern und Steigen bieten sich bei Spaziergängen, dort können Erfahrungen gesammelt werden mit

- Bäumen und Baumstämmen
- Zäunen und Mauern
- Klettergerüsten, Rutschen an Spielplätzen
- Hügeln, Felsen und Bergen

Aber auch zu Hause bieten sich vielfältige Klettermöglichkeiten:

- Leiter und Sprossenwand
- Tisch, Stuhl, Bank

AFFENBANDE

Die Affen sind aus dem Zoo ausgebrochen und turnen durch die Wohnung, möglichst über die Couch, Stühle, Tische, Sessel. Der Zoowärter muss versuchen, die Affen wieder einzufangen. Die Kinder dürfen die Affen spielen und die Eltern die Zoowärter. Legen Sie vorher die Spielregeln fest, damit das Spiel allen Teilnehmern Freude macht und nicht im Chaos endet. Das Spiel eignet sich auch zum Spielen im Freien!

Wassergewöhnung

Das feuchte Element

Auch die Bewegung im Wasser gehört zur Entwicklung von Körperkontrolle und Fortbewegung. Viele Bewegungen fallen im Wasser leichter. Zur Wassergewöhnung eignet sich alles, was dem Kind Spaß macht und die Freude am Wasser fördert. Wichtig ist es, die kindlichen Reaktionen zu beachten und das Kind langsam an das Wasser zu gewöhnen. Erst wenn es keine Angst vor dem Wasser hat, wird es Spaß an der Bewegung im Wasser haben. Folgende Möglichkeiten bieten sich dazu an:

- Wassergewöhnung durch Planschen, Wassertreten, Laufen, Hüpfen, Strampeln, Spritzen im Planschbecken
- im Sommer mit dem Gartenschlauch spritzen oder durch den Wasserstrahl von Gartendusche oder Rasensprenger rennen
- spielen und experimentieren mit Blumensprüher, Wasserflasche, Sieb, Gießkanne

Weitere Möglichkeiten, Erfahrungen mit Bewegungen im Wasser zu sammeln bzw. Fortbewegen im Wasser zu erlernen, bieten sich beim Babyschwimmen, beim Mutter-Kind-Schwimmen oder beim Schwimmenlernen im Schwimmkurs.

Spiele für die Sprechwerkzeuge

In diesem Kapitel erfahren Sie, was Sie mit Ihrem Kind spielen können, um seine Aussprache zu fördern. Wichtig ist dabei, seine Vorlieben zu beachten und die Spielanregungen so zu gestalten, dass sie dem Kind Spaß machen. Denn nur das, was dem Kind Spaß und Freude bereitet, wiederholt es auch gern. Vermeiden Sie Druck und Stresssituationen, das führt nur zu Misserfolg.

Eine besondere Bedeutung für die Entwicklung des menschlichen Erscheinungsbildes und das Sprechen hat die mimische Muskulatur. Sie sorgt durch das Zusammenspiel der Gesichts- und Mundmuskeln für die Gestaltung der Mundhöhle und des Kiefers; sie ist notwendig zum Atmen, Kauen, Schlucken, Trinken und Essen, Lachen und Weinen, Pfeifen, Saugen und Blasen. Äußerst wichtig ist diese Muskulatur für das Sprechen, für den Ausdruck von Empfindungen und für mimische Sprachgesten.

Tipps für die Spiele

- Im Vordergrund steht für das Kind der Spaß am Spiel.
- Wählen Sie Spiele aus, die Eltern und Kind Freude machen.
- Die Spiele lassen sich in den Tagesablauf einfügen, ohne dass eine »Übungsstunde« entstehen muss, z.B. im Bad, beim Zähneputzen, vor dem Essen.
- Täglich fünf Minuten üben bringt mehr als einmal wöchentlich eine Stunde.

- Jede Spielanregung sollte mehrmals hintereinander durchgeführt werden, da die Muskulatur nur durch Wiederholung lernt.
- Die Spiele sind so sortiert, dass sie vom Einfachen zum Schwierigen aufeinander folgen.
- Nach »schwierigen« Spielen sollten »einfache« folgen, damit sich das Kind erholen kann.
- Beenden Sie das Spiel, sobald Sie merken, dass das Kind überfordert ist.

Was tut sich da im Mund?

Die korrekte Wahrnehmung des Mundraumes ist die Basis für das richtige Schlucken und die korrekte Lautbildung. Damit ein Laut gebildet werden kann, ist es notwendig, dass Lippen, Zunge und Gesichtsmuskulatur zusammenspielen. Die Wahrnehmung dieses Zusammenspiels erfolgt über Empfindungsreize, die ans Gehirn übermittelt werden. Größtenteils erfolgt diese Wahrnehmungsleistung über das Unterbewusstsein, sie kann aber auch bewusst beeinflusst werden. Ein Beispiel: Zur genauen Beurteilung des Zustandes der Mundhöhle muss die Zunge dafür die Mundhöhle abtasten und diesen Eindruck dann an das Gehirn vermitteln. Dort wird der jeweilige Zustand mit den Erfahrungen, die bereits vorliegen, verglichen und festgestellt, ob Abweichungen vorliegen (z.B. bei Entzündungen). Diese Wahrnehmungsleistung geschieht in einem Bruchteil von Sekunden.

Ist die Wahrnehmung von Bewegungs- und Empfindungsreizen im Mund-Gesichtsbereich gestört, kann es dadurch zu offener Mundhaltung, vermehrtem Speichelfluss, Kau- und Schluckstörungen und damit verbunden auch zu Aussprachestörungen kommen. Deshalb profitieren von nachfolgenden Spielen ganz besonders alle Kinder, bei denen eine solche Problematik vorliegt.

LIPPEN MASSIEREN

Zur bewussten Wahrnehmung und besseren Durchblutung der Lippen können diese mit Fettstiften, Cremes, Lippenstiften u.Ä. bestrichen und anschließend massiert werden. Massagerichtung: Von der Nase zur Oberlippe, vom Kinn zur Unterlippe.

ZÄHNEPUTZEN

Zur Sensibilisierung des Mundinnenraums können die Zähne mit verschiedenen Zahnbürsten (hart, weich, elektrisch, mechanisch) gebürstet werden. Achten Sie dabei besonders darauf, keine Zahnpartie auszulassen und von außen und innen zu putzen.

SCHMECKSPIELE

Nahrungsmittel mit unterschiedlichen Geschmacksrichtungen bewusst essen. Die empfundenen Geschmackseindrücke dabei sprachlich exakt beschreiben. Wichtig ist es, dem Kind auch ungewohnte Geschmacksrichtungen näher zu bringen. Wenn das Kind unterschiedliche Geschmacksrichtungen sicher unterscheiden kann, kann das Ganze als Ratespiel variiert werden. (Vergleiche Spiele Seite 96/97 und 100/101.)

KAUSPIELE

Nahrungsmittel unterschiedlicher Konsistenz bewusst kauen. Wichtig dabei ist es, feste Nahrung anzubieten, die weichgekaut werden muss. Wie bei den Schmeckspielen sollen die empfundenen Eindrücke sprachlich exakt beschrieben werden. Auch dieses Spiel macht als Ratespiel am meisten Spaß.

KLEINE NAHRUNGSMITTEL WEGZAUBERN

Eine gute Mundinnenraumwahrnehmung verbessert die Aussprache.

Kleine Nahrungsmittel (Nüsse, Rosinen, Puffreis, Körner ...) werden mit der Zungenspitze zwischen Lippen und Zahnreihen, unter der Zunge oder in der Wangentasche versteckt. Der Mitspieler muss erraten, wo sich das Versteck befindet. Das vermutete Versteck wird durch Berühren angezeigt.

MIT DER ZUNGE IM MUND SPAZIEREN GEHEN

Der Spielpartner berührt Mund oder Wangen von außen und das Kind muss diesen Punkt mit der Zunge von innen finden. Es sollen mehrere Stellen hintereinander gefunden werden.

GURGELN

Beim Zähneputzen mit wenig Wasser gurgeln. Den Kopf nur leicht nach hinten geneigt halten. Dazu laute Stimmgebung versuchen (Geräusche wie Schnarchen, Fauchen, Brummen ...).

Lippen sind nicht nur zum Küssen da

Die Lippen begrenzen die Mundhöhle nach außen. Die Lippen kann man sich als stark verformbare Falten vorstellen, deren muskuläre Grundlage ein ringförmiger Muskel bildet. Sie haben die Funktion, die Schneidezähne zu halten. Sind die Lippen zu schwach, wachsen die Schneidezähne schräg nach außen, es kommt zu einer Gebissanomalie. Außerdem brauchen wir die Lippen dafür, dass beim Kauen das Essen nicht aus dem Mund fällt. Wir brauchen sie zum Saugen, Blasen, Pfeifen und Küssen. Die Lippen und ihre gute Beweglichkeit sind wichtig für die Lautbildung. Mit der Lippenmuskulatur wird es dem Menschen außerdem möglich, Empfindungen wie z.B. Lachen auszudrücken.

Kinder, die Probleme haben, die Lippen geschlossen zu halten, häufig durch den Mund atmen, beim Essen mit offenem Mund kauen oder insgesamt eine schwache mimische Muskulatur aufweisen, profitieren besonders von nachfolgenden Spielen.

LIEDER SUMMEN

Mit geschlossenen Lippen bekannte Lieder summen. Die Lippen bleiben während der ganzen Zeit geschlossen. Wer kann die Melodie erraten?

WINDMUND

Bei geschlossenen Lippen wird möglichst viel Luft in den Wangentaschen gesammelt. Die Spannung wird fünf Sekunden gehalten. Dann darf das Kind mit beiden Händen auf seine Wangen schlagen und die Luft explosionsartig entweichen lassen.

LIPPEN PANIEREN

Angefeuchtete Lippen in einen Teller mit Zuckerstreusel (o.Ä.) drücken und dann mit der Zunge abschlecken.

LIPPEN SPITZEN

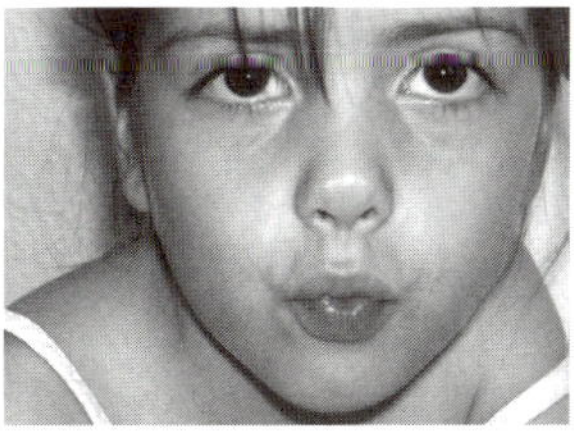

Die geschlossenen Lippen nach vorne schieben. Die Spannung fünf Sekunden halten, dabei gleichmäßig durch die Nase atmen. Spannung lösen und die Lippen breit ziehen.

KUSSMUND

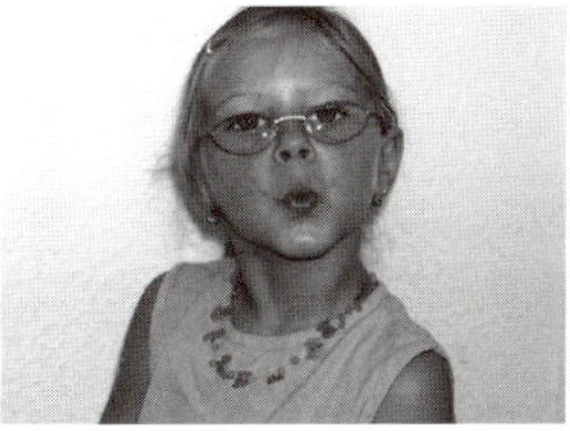

Die geschlossenen Lippen zum Kuss möglichst weit nach vorne schieben. Dann einen Kuss in die Handfläche geben oder Lippen mit Lippenstift anmalen und einen Kuss auf Papier drücken.

SCHORNSTEIN

Runder, offener Mund mit leicht geschürzten Lippen. Die Zahnreihen sind locker geschlossen. Geräusche wie »Wasserrauschen« oder »Eisenbahn« können dabei imitiert werden. Nach fünf Sekunden die Spannung lösen.

HASENSCHNUTE

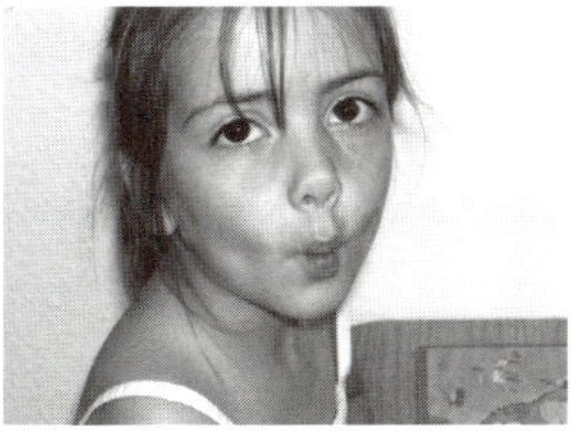

Ausgehend vom Kussmund werden die Wangen zwischen die Zähne eingesaugt. Nach fünf Sekunden die Spannung lösen. Wenn das Kind dabei die Hände wie Hasenohren aufstellt, macht die Übung besonders viel Spaß.

LIPPEN BREIT

Die geschlossenen Lippen breit ziehen (»die Lippen bis an die Ohren ziehen«). Wichtig ist, dass die Lippen dabei locker aufeinander liegen und nicht zu viel Spannung aufgebaut wird. Die Spannung fünf Sekunden halten und anschließend locker lassen.

Variante: siehe Bild. Die leicht geöffneten Lippen breit ziehen. Dabei ist es wichtig, die Zahnreihen geschlossen zu halten.

Werden die Anregungen »Lippen spitzen« und »Lippen breit ziehen« nacheinander im Wechsel durchgeführt, können die Kinder Breitmaulfrosch und Spitzmaulfrosch spielen.

OPAMUND

Die Unterlippe über die Oberlippe schieben. Die Oberlippe soll dann nicht mehr sichtbar sein. Nach fünf Sekunden die Spannung lösen. Die Anregung drei- bis fünfmal wiederholen. Macht besonders viel Spaß, wenn die Spieler dabei in »Opasprache« sprechen.

OMAMUND

Die Oberlippe über die Unterlippe schieben. Die Unterlippe soll dann nicht mehr zu sehen sein. Nach fünf Sekunden die Spannung lösen. Auch hier ruft die »Omasprache« viel Gelächter hervor.

LIPPEN TROCKNEN

Ober- und Unterlippe mit der Zunge anfeuchten. Anschließend die Lippen locker aufeinander legen und durch Verschieben der Lippen trocken reiben.

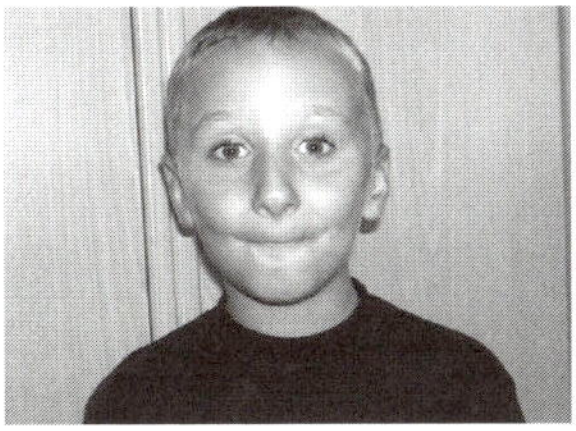

LIPPEN VERSTECKEN

Ober- und Unterlippe fest an die Zähne anpressen und die geschlossenen Lippen nach innen einsaugen. Fünf Sekunden halten und gleichmäßig durch die Nase weiteratmen.

LIPPEN VIBRIEREN LASSEN

Lippen locker aufeinander legen, dazu brummen wie ein Auto, schnauben wie ein Pferd, prusten usw. Diese Anregung ist auch geeignet, um Verspannungen zu lösen. Sie kann in die verschiedensten Spielsituationen eingebaut werden. Die Unterlippe kann dabei auch mit dem Finger schnell nach unten bewegt werden.

STROHHALM BALANCIEREN

Strohhalm zwischen Schnute und Nase einklemmen und mindestens fünf Sekunden festhalten. Anschließend entspannen. Bei Startschwierigkeiten kann die Oberlippe sanft mit dem Finger in Richtung Nase geschoben werden. Ein eckiger Bleistift hält leichter als ein Strohhalm.

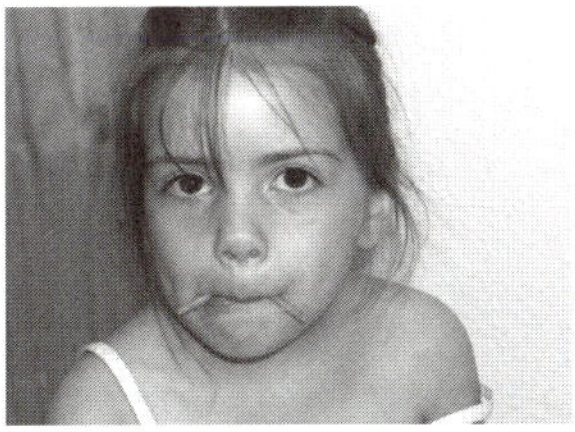

OHNE HÄNDE ESSEN

Eine Salzstange ohne Zuhilfenahme der Hände mit den Lippen aufnehmen und festhalten. Dann wird sie durch Lippen- und Zungenbewegungen in den Mundraum befördert. Gleichzeitiges Abbeißen und Zerkleinern mit den Zähnen ist notwendig.

Variation: Wir spielen »Elefant«: Die Salzstange wird waagrecht zwischen die Zähne gelegt, mit den Lippen festgehalten und durchgebissen. (Jetzt hat dcr Elcfant Stoßzähne.) Dann wird die Salzstange mit

Zungen- und Lippenbewegungen ohne Zuhilfenahme der Hände in den Mund befördert.
Das Essen ohne Hände kann mit gekochten Spaghetti, Lakritzschnüren, Kauschnüren ... variiert werden.

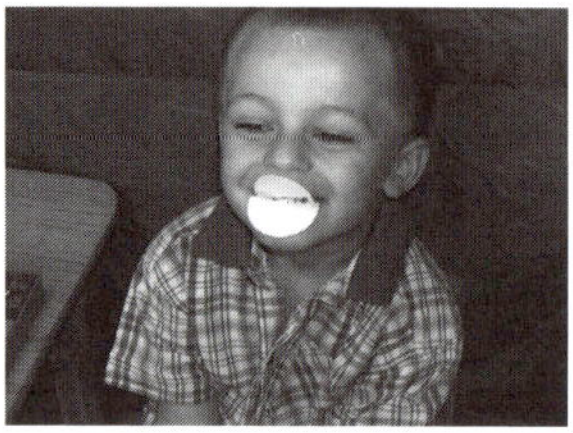

ENTENSCHNABEL

Eine große Oblate auf die leicht geöffneten, befeuchteten Lippen legen und Mund schließen, wodurch die Oblate bricht und ein Entenschnabel entsteht. Vorsicht: Oblate nur kurze Zeit auf den Lippen lassen, da sie sonst festklebt.

Auch Zungenblecken will gelernt sein

Die Zunge ist das Zentrum des gesamten Gesichts- und Mundbereichs. Sie besteht aus beweglichen Muskelfasern und ist mit ihrem hinteren Teil am Unterkiefer und Zungenbein und an den Seiten mit der Rachenwand verwachsen. Der vordere Teil der Zunge ist frei beweglich. An der Unterseite ist sie mit dem Zungenbändchen an der Mundhöhle befestigt. Die Zunge hat lebenswichtige Funktionen – z.B. für die Nahrungsaufnahme. Ist der Mund geschlossen, füllt die Zunge die gesamte Mundhöhle aus, die Zunge liegt dabei in ihrer »Ruhelage« locker am vorderen Teil des Gaumens, der Kinnmuskel ist ganz entspannt. Die wichtigsten Funktionen der Zunge sind die Geschmacksempfindung, die Beteiligung beim Kauen und Schlucken und an der Lautbildung. Auch für die Verdauung ist die Fähigkeit der Zunge, die Nahrung beim Kauen zwischen den Zähne hin und her zu schieben, wichtig. Denn nur so kann der Speisebrei zerkleinert, vermischt und geschluckt werden. Die Zungenlage und die Zungenbeweglichkeit wirken sich auf die Kieferentwicklung, die Gaumenform und die Qualität der Aussprache aus.

Eine auffällige Zungenlage, Zungenvorstoß oder zu starker Zungendruck können zu Verformung des Gaumens, Gebissanomalien, offener Mundhaltung, Schluckstörungen und Aussprachestörungen, z.B. Problemen bei der Bildung von Zischlauten, führen. Nachfolgende Spiele sind besonders für Kinder geeignet, bei denen diese genannten Auffälligkeiten beobachtet werden.

ZUNGE ZUM KINN

Bei weit geöffnetem Mund die Zunge zum Kinn strecken. Die Zungenspitze muss nicht das Kinn berühren, wichtig ist, dass sie nach unten gebogen wird.

ZUNGE ZUR NASE

Bei weit geöffnetem Mund die Zungenspitze zur Nase strecken. Es genügt, wenn mit der Zungenspitze das Lippenrot erreicht wird.

SCHEIBENWISCHER

Bei weit geöffnetem Mund erst die Oberlippe, dann die Unterlippe mit der Zungenspitze von Mundwinkel zu Mundwinkel abwischen.

SCHLECKMAUL

Lippen oder Mundwinkel mit Marmelade etc. bestreichen oder kleine Oblatenstücke oder Puffreis mit Spucke ankleben. Mit der Zunge abschlecken!

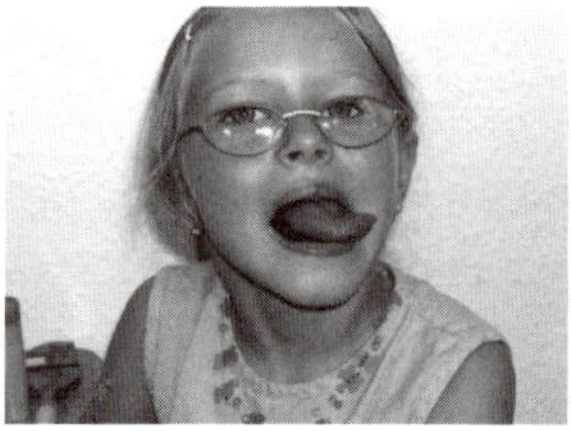

ZUNGENWINKEN

Bei weit geöffnetem Mund die Zungenspitze zwischen den Mundwinkeln nach rechts und links bewegen. Die Zunge soll dabei nur zwischen den Mundwinkeln pendeln.
Variation: Zungenwinken zwischen Ober- und Unterlippe.

KARUSSELL

Bei weit geöffnetem Mund das Lippenrot mit der Zungenspitze kreisförmig umfahren. Wichtig dabei ist, diese Bewegung mehrmals hintereinander durchzuführen und die Bewegungsrichtung dabei einzuhalten, z.B. fünf mal nach rechts, dann fünf mal nach links.

ZUNGE GERADE HERAUSSTRECKEN

Bei weit geöffnetem Mund die Zunge ganz gerade herausstrecken. Die Zunge muss nicht weit herauskommen, wichtig ist, die Zunge möglichst gerade zu halten.

ZUNGENMALEN

Bei weit geöffnetem Mund mit der Zunge »Bilder malen«, z.B. Kreis, Dreieck, Strich. Der Mitspieler soll die dargestellten Formen nachmachen. Sinnvoll ist es dabei, gemeinsam in einen Spiegel zu schauen.

NAHRUNGSMITTEL AUFSCHLECKEN

Mit der Zungenspitze kleine Nahrungsmittel, wie z.B. Brösel, Streusel ..., aufstippen. Es soll nur die Zungenspitze benutzt werden.

AFFENMAUL

Die Zunge hinter den geschlossenen Lippen zwischen Lippen und Zahnreihe verstecken. Einmal oben, einmal unten. Durch Berührung mit dem Finger kann der Weg für die Zunge aufgezeigt werden.

BONBON-MUND

Bei geschlossenem Mund drückt die Zunge in die Wangentasche, als sei dort ein Bonbon versteckt. Der Mitspieler kann versuchen, das »Bonbon« zu finden und die Stelle im Gesicht berühren.

ZUNGENSCHNALZEN

Bei weit geöffnetem Mund wird die Zunge kräftig am vorderen Teil des Gaumens angesaugt, festgehalten und mit einem lauten Knall wieder losgelassen. Es entsteht ein Schnalzton.

SCHNALZLIEDER

Je nach Mundöffnung und Lippenform können beim Schnalzen unterschiedliche Tonhöhen erzeugt werden. Dadurch können einfache Lieder geschnalzt werden – lustig als Ratespiel.

ZUNGENRUTSCHE

Bei weit geöffnetem Mund wird die Zunge herausgestreckt. Ein gerader Trinkhalm wird senkrecht an die Zungenspitze gedrückt. Durch den Speichelfilm rutscht der Trinkhalm an der Zunge nach unten. Das Spiel ist anstrengend, daher höchstens zweimal durchführen. Anschließend die Zunge lockern.

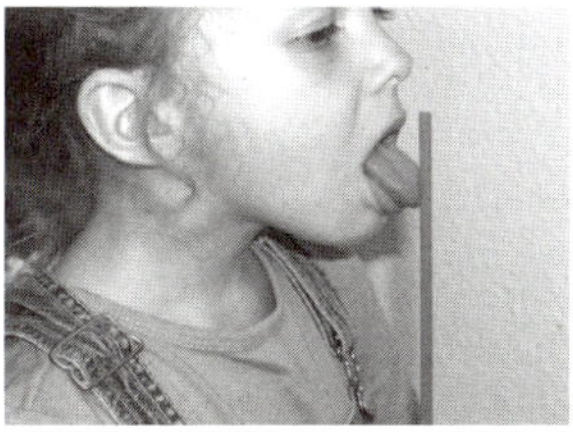

Bei der Zungenrutsche den Halm oberhalb seiner Mitte anlegen, damit er nicht wegkippt.

Weitere Anregungen für die Zunge:

- Eis schlecken
- Lutscher schlecken
- Teller ablecken

Kaugummi und mehr

Die Kaumuskulatur ist zuständig für die Beweglichkeit des Unterkiefers. Dieser ist nur durch das Kiefergelenk mit dem Schädel verbunden. Der Oberkiefer ist unbeweglich und sehr eng an die Entwicklung des Nasentraktes gekoppelt. Der Kiefer ist beim Neugeborenen noch wenig ausgebildet, er entwickelt sich durch die Erfordernisse der Funktionen wie Nahrungsaufnahme, Atmen, Sprechen, Schlucken. Die Beweglichkeit des Unterkiefers ist vor allem für das Beißen, Abbeißen, Kauen notwendig. Beim Zubeißen treffen die Schneidezähne nicht direkt aufeinander, sondern die oberen Schneidezähne beißen vor die unteren. Eine bei Kindern stark verbreitete Veränderung des Milchgebisses ist der offene Biss.

Offener Biss

Auch bei geschlossenem Kiefer bleibt ein deutlicher Abstand zwischen oberer und unterer Zahnreihe. Dieser kann durch Daumenlutschen, Gebrauch von Nuckelflaschen über das erste Lebensjahr hinaus, Beruhigungssauger, falsche Atemgewohnheiten, aber auch aufgrund einer auffälligen Mund- und Gesichtsmuskulatur entstehen.

Weitere Auswirkungen durch Störungen der Bewegungsabläufe beim Kauen können sein:

- Probleme bei der Nahrungsverarbeitung (»kaufaul«)
- Schluck- und Verdauungsprobleme (das Einspeicheln der Nahrung ist wichtig, hierdurch wird die Nahrung bereits vorverdaut)
- Kiefergelenksprobleme
- Gesichts- und Kopfschmerzen

Die Kaumuskulatur wird am besten ab dem ersten Lebensjahr durch das Angebot von Nahrungsmitteln, die gut gekaut werden müssen, trainiert.

Nachfolgende Spiele sowie alle Spiele für Zunge und Lippen eignen sich für Kinder mit oben genannten Auffälligkeiten sowie zur Förderung der gesamten mimischen Muskulatur.

KAUGUMMIKAUEN

Den Kaugummi kräftig kauen und dabei abwechselnd die linken und rechten Zahnreihen benutzen. Lustig ist es auch, Kaugummi zu kauen ohne Kaugummi, also nur so tun, als ob ...

KAUEN OHNE NAHRUNGSMITTEL

Im Rollenspiel können unterschiedliche Tiere beim Fressen dargestellt werden:

- der Hase knabbert
- die Kuh kaut kreisförmig
- der Vogel pickt Körner
- der Hund leckt Wasser auf
- das Raubtier beißt ins Fleisch
- das Chamäleon lässt die Zunge vorschießen
- das Schwein schmatzt
- der Fisch schnappt nach Futter
- der Ameisenbär saugt die Ameisen ein

KAUEN UNTERSCHIEDLICHER NAHRUNGSMITTEL

Im täglichen Nahrungsangebot sollten möglichst viele feste Lebensmittel enthalten sein, da dadurch die Kaumuskulatur gut trainiert wird. Wichtig ist dabei aber auch, die Konsistenz der Nahrungsmittel zu wechseln, damit unterschiedliche Sinneseindrücke im Mund entstehen.

Besonders eignen sich:

- rohes Gemüse
- rohes Obst
- Vollkornprodukte
- Brot mit Rinde
- Müsli
- Fleisch

GRIMASSEN SCHNEIDEN

Vor dem Spiegel unterschiedliche Gesichtsausdrücke darstellen. Wechselseitig vor- und nachmachen. Dabei die gesamte Gesichts- und Mundmuskulatur bewegen.

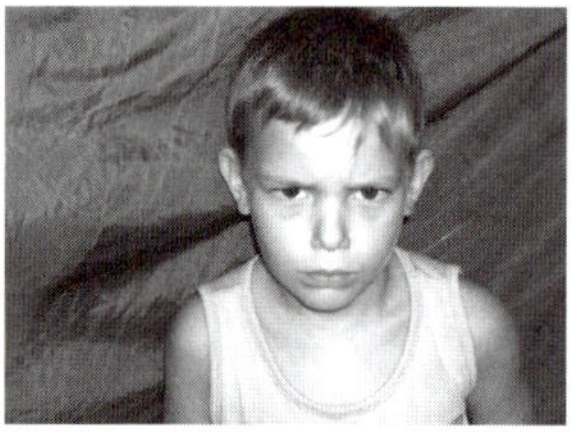

GEFÜHLSZUSTÄNDE DARSTELLEN

Vor dem Spiegel werden unterschiedliche Gefühlszustände wie Freude, Trauer, Angst ... abwechselnd dargestellt und erraten. Welche Gefühle kennen die Kinder noch?

SCHNARCHEN

In Rückenlage Schnarchgeräusche imitieren. Dabei bewusstes Ausatmen mit Schnutenbildung. Wenn das Schnarchen in Rückenlage gelingt, kann auch im Sitzen oder Stehen geübt werden. Gerne mögen Kinder auch Fauchen wie die Raubtiere.

GÄHNEN

Rollenspiel: Menschen oder Tiere sind müde und müssen gähnen. Dabei tief einatmen und bei weit aufgerissenem Mund stöhnend ausatmen.

MUNDGESCHICHTEN

Kurze Geschichten, Verse und Fingerspiele können durch Zungenbewegungen begleitet werden.

Erzählen Sie dem Kind die Geschichte (siehe unten links). Es darf die Geschichte durch Lippen- und Zungenbewegungen (siehe unten rechts) begleiten. Natürlich sind Ihrer Fantasie dabei keine Grenzen gesetzt. Als Variation können Sie sich neue Begebenheiten im Tagesablauf der Maus überlegen. Oder aber das Kind darf sich eine Mäusegeschichte ausdenken und Sie führen das Spiel aus. (Straffe Gesichtsmuskulatur beugt Falten vor!)

Die kleine Maus liegt in ihrem Bett und schläft.	*Die Zunge liegt locker im Mund, die Lippen sind geschlossen.*
Vater-Maus liegt auch in seinem Bett und schnarcht.	*Schnarchgeräusche.*
Der Wecker klingelt.	*Unter Stimmeinsatz vibrieren die Lippen.*
Die kleine Maus will wissen, wie das Wetter ist, und schaut aus dem Fenster.	*Die Zunge schaut aus dem Mund.*
Sie hält Ausschau nach der Katze.	*Die Zunge bewegt sich nach rechts, links, oben, unten.*
Dann geht sie ins Bad und putzt sich die Zähne.	*Die Zunge fährt von innen und von außen an oberer und unterer Zahnreihe entlang.*
Jetzt hat sie Hunger und frühstückt.	*Kau- und Trinkbewegungen imitieren, dabei schlürfen und schmatzen.*
Nach dem Frühstück muss sie sich das Gesicht waschen.	*Lippen kreisförmig mit der Zunge umfahren und anschließend trockenreiben.*
Nun geht sie in den Kindergarten und hüpft dabei vor Freude.	*Zungenschnalzen.*
Im Kindergarten angekommen, begrüßt sie die anderen Mäuse.	*Küssen.*

Pustespiele

Es gibt zwei verschiedene Arten der gezielten Luftstromlenkung durch den Mund: pusten und blasen.

Beim Pusten wird die Luft in kurzen Stößen ausgeatmet, die Lippen sind dabei weit geöffnet und gerundet. Pusten ist die Grundlage fürs Blasen. Das Blasen erfolgt gezielt mit leicht geöffneten, gespitzten Lippen. Der Luftstrom wird länger angehalten. Der Einfachheit halber werden alle nachfolgenden Anregungen als Pustespiele bezeichnet.

Diese Spiele eignen sich dazu, den Kindern den Ausatemstrom bewusst zu machen. Des weiteren wird durch Pustespiele der Luftstrom gelenkt und gebündelt, die Nasenatmung gefördert und bei Spielen mit dem Trinkhalm der Lippenschluss gestärkt. Außerdem fördern diese Spiele die gesamte mimische Muskulatur, da für das Pusten ein enges Zusammenspiel von Lippen-, Wangen- und Zungenmuskulatur erforderlich ist.

MOBILE

Aufgehängte Mobiles können durch Pusten in Bewegung gesetzt werden. Wichtig dabei ist, dass das Mobile in Augenhöhe des Kindes hängt, damit der Kopf nicht nach hinten überstreckt wird.

BLASINSTRUMENTE

Bei Übungen mit Blasinstrumenten erfolgt ein Zusammenspiel von Auge, Hand, Mund und Atmung. Bei unterschiedlichen Blasinstrumenten werden unterschiedliche Anforderungen an die Ausatemfunktion des Kindes gestellt. Gut ist es daher, viele verschiedene Blasinstrumente zu benutzen.

MUNDHARMONIKA

Das Instrument wird durch Ober- und Unterlippe gehalten und zwischen den Lippen nach rechts und links bewegt. Töne können sowohl durch ein- als auch durch ausatmen erzeugt werden. Da dieses Instrument geringe Anforderungen an die Kinder stellt, ist es auch für Kleinere geeignet.

LUFTRÜSSEL

Der Luftrüssel wird zwischen den gespitzten Lippen gehalten. Die Lippen umschließen das Mundstück fest. Den Rüssel ganz abzurollen erfordert vom Kind große Atemstärke. Wettspiel: Wer hat zuerst den Rüssel abgerollt? Wer trifft mit dem Rüssel einen Ball?

SCHLANGENHEULER

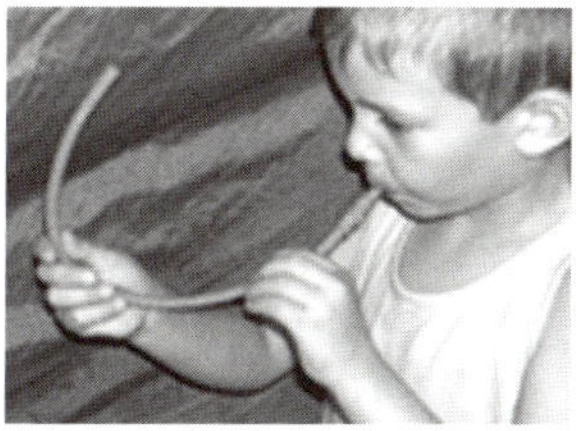

Der Schlangenheuler wird zwischen den gespitzten Lippen gehalten. Die Lippen umschließen das Mundstück fest. Durch unterschiedlich starkes Pusten und Bewegen des Heulrohres können unterschiedlich Töne erzeugt werden. Damit lässt sich wunderbar »Schlangenbeschwörer« spielen.

VOGELPFEIFE

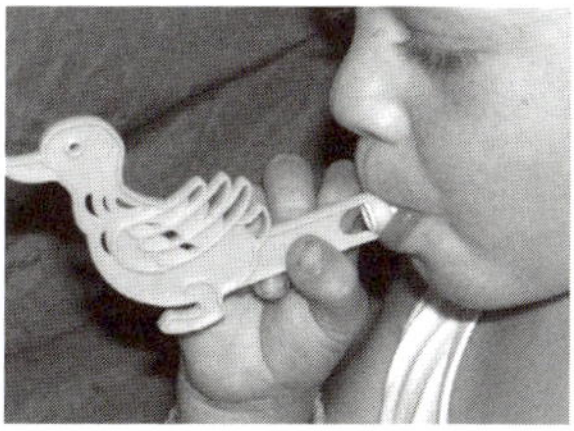

Die Pfeife wird zwischen den gespitzten Lippen gehalten, die das Mundstück fest umschließen. Es können kurze oder lange, laute oder leise Töne erzeugt werden. Dabei muss der Luftstrom dosiert werden.

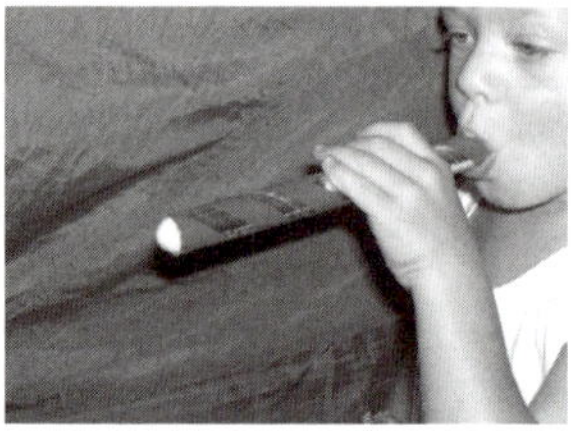

BLASROHR

Das Rohr wird mit »Munition« bestückt und von den Lippen umschlossen. Mit kräftigem Luftstoß wird auf ein Ziel geschossen. Als Wettspiel geeignet! Geeignete Munition: Wattekugeln, Papierkugeln, Wattestückchen, Federn.

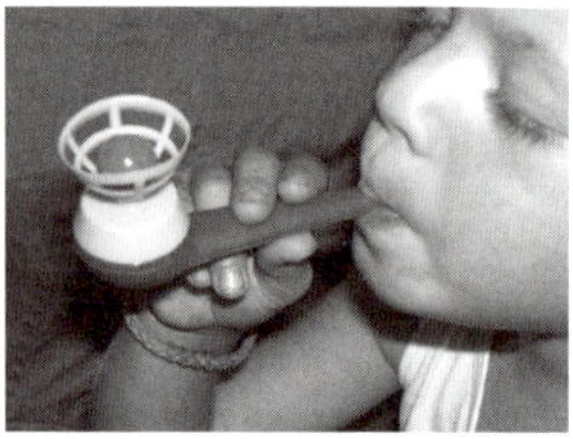

FRIEDENSPFEIFE

Das Mundstück wird fest mit den Lippen umschlossen. Der Ausatemstrom muss genau dosiert werden, damit der kleine Ball schwebt und nicht davonfliegt.

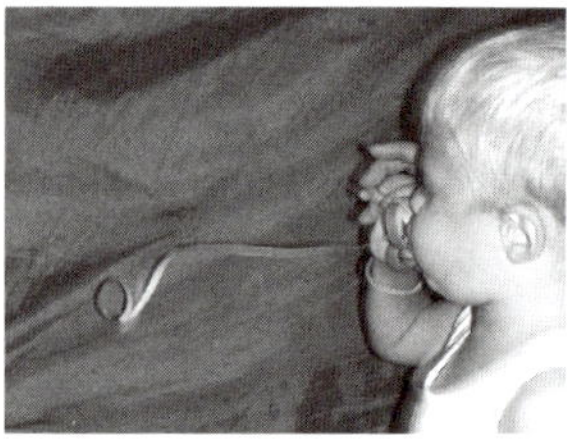

LUFTSCHLANGEN

Die Luftschlangenröllchen werden im Abstand einer Fingerbreite vor den Mund gehalten. Nach tiefem Einatmen erfolgt ein kräftiger Ausatemstoß, so dass sich die Luftschlange abrollt.

Variation: Schwimmtiere, kleine Schiffe etc. durch Anpusten von einem Ufer zum anderen bewegen.

ZIELPUSTEN

Unterschiedliche Gegenstände, wie z.B. Hülsenfrüchte, Papierschnipsel, Federn, Wattebäusche, kleine leichte Bälle, kleine Plastikfahrzeuge ..., können mit oder ohne Strohhalm über den Tisch zum Spielpartner oder in eine Schüssel geblasen werden.

MIT KONFETTI PUSTEBILDER HERSTELLEN

Auf Papier wird mit Kleister oder Klebstoff ein Bild gemalt. Konfetti oder Locherabfall wird durch kräftiges Pusten auf dem Bild verteilt. So entsteht ein buntes Pustebild. Als Material können auch Papierschnipsel, Watte, Herbstlaub oder kleine Federn verwendet werden.

FUSSBALL SPIELEN

Zwei Spielpartner sitzen sich am Tisch gegenüber, aus kleinen Schachteln oder Legosteinen sind Tore aufgebaut. Die Spielpartner versuchen, einen Tischtennisball (oder Wattebausch) ins gegnerische Tor zu pusten.

RAKETEN ABSCHIEßEN

Im dicken Strohhalm wird ein dünner Strohhalm oder ein Eisverzierungsstöckchen versteckt. Durch kräftiges Pusten wird die Rakete abgeschossen. Es können damit auch bestimmte Ziele anvisiert werden. Ein spannendes Wettspiel!

ZIELPUSTEN MIT STROHHALM

Die Lippen umschließen den Strohhalm fest. Mit dem Halm wird ein bestimmtes Ziel anvisiert und bewegt. Dieses Spiel eignet sich für Objekte im Wasser (siehe Bild), auf dem Tisch und in der Luft. Spielmöglichkeiten: Ball durch ein Labyrinth bewegen, Papiermäuse ins Mäusehaus pusten, bestimmte Teile eines Mobiles in Bewegung versetzen.

SEIFENBLASEN

Damit Seifenblasen entstehen, muss die Seifenblasenpfeife in Seifenlauge getaucht werden. Dann wird zuerst kräftig und anschließend dosiert in die Pfeife geblasen. So entstehen große Blasenberge, die nicht wegfliegen (oberes Bild). Auch für kleinere Kinder geeignet.
Durch einen gezielten und gut dosierten Ausatemstrom in den Ring des Pustestabs entstehen unterschiedlich große Seifenblasen, die davonschweben (unteres Bild).

PAPIERTÜTEN

Kleine Tüten aus Papier oder Plastik (Frühstücksbeutel etc.) werden aufgeblasen. Gut geeignet als Vorstufe zum Aufblasen eines Luftballons. Papiertüten kann man nach dem Aufblasen platzen lassen.

LUFTBALLONS

Achtung: Kaufen Sie Luftballons nur im Fachhandel und achten Sie auf die Schadstoffbelastung!

Luftballons gibt es in unterschiedlichen Größen und in unterschiedlicher Dehnbarkeit. Je kleiner Kinder sind, desto dehnbarer müssen die Luftballons sein. Wenn Kinder Schwierigkeiten haben, empfiehlt es sich, dass ein Erwachsener den Ballon vorher aufbläst, um ihn zu dehnen.

Aufgeblasen werden kann der Ballon mit dem bloßen Mund, mit einem Luftballonventil oder mit einem dicken Strohhalm, der mit Klebeband in der Öffnung fixiert wird.

Wichtig: Beim Aufblasen die Lippen fest um den Ballon oder das Ventil schließen, leicht durch die Nase einatmen und dann kräftig durch den Mund ausatmen. Einatmen durch den Mund vermeiden!

PFEIFEN

Die Lippen werden gespitzt, die Zunge bildet eine Rinne und zieht sich leicht nach hinten. Die Luft wird tönend ausgeatmet. Animieren Sie die Kinder durch Vor- und Nachmachen! Manche Kinder pfeifen zuerst bei der Einatmung. Hier empfiehlt es sich, den Kindern zu verdeutlichen, dass die Luft aus dem Mund ausströmen muss: Beim Pfeifen in die offene Handfläche spüren sie den Luftstrom.

Weitere Fördermöglichkeiten:

- Kerzen ausblasen
- Flöte spielen
- mit dem Strohhalm in Flüssigkeiten blubbern

Ansaugspiele

Durch das Ansaugen werden die Lippenringmuskulatur, die Wangenmuskulatur und die Zungenmuskulatur trainiert. Das Ansaugen fördert die Vakuumbildung im Mund und verringert so die Gefahr, an Atemwegsinfektionen zu erkranken. Mit Ansaugspielen wird die gesamte mimische Muskulatur trainiert.

Es gibt verschiedene Möglichkeiten, Dinge anzusaugen. Am bekanntesten ist das Ansaugen mit dem Trinkhalm. Flüssigkeiten können mit unterschiedlich dicken und unterschiedlich langen Strohhalmen angesaugt werden. Es lassen sich aber auch mit den Lippen kleine Gegenstände oder Papier direkt ansaugen.

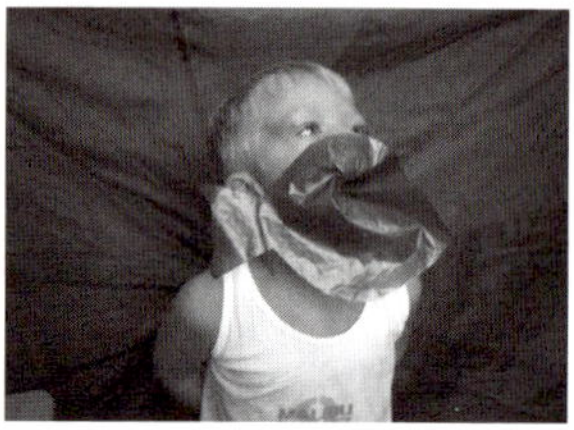

Leichtes Transparentpapier eignet sich zum Ansaugen am besten. Wer kann ohne Hände Fische fangen?

ANSAUGEN

Angesaugt werden kann sowohl mit Strohhalmen als auch mit dünnen Schläuchen. Je dicker und kürzer der Strohhalm ist, desto leichter fällt das Ansaugen fester Materialien. Zum Trinken eignet sich besser ein dünnerer Strohhalm.

Im Unterschied zum Ansaugen von Flüssigkeiten muss beim Ansaugen fester Materialien der Gegenstand mit einem einzigen Atemzug angesaugt und gehalten werden. Am einfachsten ist es, zuerst mit dem Mund große Papierfiguren anzusaugen, nach etwas Übung können dann auch kleinere Figuren angesaugt werden. In der nächsten Schwierigkeitsstufe folgt das Ansaugen mit unterschiedlich dicken Papphröhren. Der Schwierigkeitsgrad wird noch erhöht, indem unterschiedlich dicke Strohhalme verwendet werden. Bitte immer darauf achten, dass das anzusaugende Material größer ist als die Öffnung des Ansaugrohres, um ein Verschlucken zu vermeiden. Damit die Muskulatur nicht überfordert wird, sollten nur leichte Materialien angesaugt werden.

TRINKEN MIT DEM STROHHALM

Zum Trinken mit Strohhalmen lassen sich alle Kinder gerne animieren – besonders, wenn diese in lustigen Farben und Formen angeboten werden.

ANGELSPIELE MIT DEM STROHHALM

Angelspiele können mit Hülsenfrüchten, kleinen ausgeschnittenen Fischen etc. gestaltet werden. Verwenden Sie dazu unterschiedlich dicke Strohhalme!

OHRTRICHTER

Ohrtrichter sind Untersuchungsinstrumente von Ärzten. Mit ihrer Hilfe kann die Ansaugfläche eines Strohhalmes um ein Vielfaches vergrößert werden. Dadurch fällt es dem Kind leichter, flache Gegenstände anzusaugen. Stecken Sie dazu den Ohrtrichter mit der schmalen Öffnung auf einen Strohhalm und fixieren das Ganze mit Klebeband. Verwendet werden Ohrtrichter von Ärzten zum Untersuchen der Ohren. Erhältlich sind sie in Sanitätshäusern oder Apotheken. Vielleicht schenkt Ihnen aber auch Ihr Arzt einen Ohrtrichter?

SAUGLOTTO

Bei herkömmlichen Lottospielen können die Karten mit dem dicken Strohhalm, mit einem Schlauchstück oder dem Ohrtrichter angesaugt und auf die Bildplatte gelegt werden. Der Spielablauf richtet sich nach der normalen Spielregel. Als Variation bietet es sich an, auch Memoryspiele mit verschiedenen Ansaugmedien umzugestalten.

Mit einem Ohrtrichter wird aus einem einfachen Lotto ein lustiges Mundmuskulaturtraining.

SAUGPUZZLE

Einfache Einlegepuzzles können zum Ansaugspiel umfunktioniert werden. Mit Hilfe eines Ohrtrichters lässt sich ein Sauger basteln, mit dem die Puzzleteile gehalten werden können. Es empfiehlt sich nicht, laminierte Teile anzusaugen, da die Oberfläche zu glatt ist.

TIERE FÜTTERN

Handpuppen, aber auch Bauernhof- oder Zootiere eignen sich als Objekte für Ansaugspiele: Im Rollenspiel wird ihnen das Futter (Wattebäusche, leichte Styroporflocken, Hülsenfrüchte, Papierschnipsel ...) mit dem Strohhalm gereicht. Handpuppen kann man das »Essen« direkt in den Mund reichen, bei Tierfiguren wird das Futter in einen Futtertrog gelegt.

Kühlen Kopf bewahren!

Es gibt unterschiedliche Möglichkeiten, die Luft einzuatmen. Die normale Atmung erfolgt durch die Nase. In diesem Fall wird die Atemluft angefeuchtet, gesäubert und angewärmt. Die Luft passiert den Rachen, den Kehlkopf und gelangt in die Luftröhre und über die Bronchien in die Lunge. Die Nasenatmung ist wichtig für die Infektabwehr, für einen korrekten Mundschluss und für die Bildung von Sprachlauten. Des weiteren wird die Muskulatur des Brustkorbs gestärkt und die oberen Lungenabschnitte werden belüftet.

Französische Wissenschaftler haben herausgefunden, dass die Einatemluft die Nasenschleimhäute und die angrenzende, nur durch eine dünne Knochenschicht getrennte Hirnregion kühlt. Die Nasenatmung senkt im Ruhezustand die Temperatur um zwei Grad Celsius und hat eine kühlende Wirkung auf die angrenzenden Hirnregionen. Es werden Vermutungen angestellt, dass sich Hirnaktivitäten verändern, je nachdem, ob durch die Nase oder den Mund geatmet wird. Erwiesen ist jedoch, dass eine korrekte Atmung Einfluss auf Kreislauf und Stoffwechsel nimmt, wodurch sich körperliche Leistungsfähigkeit und Konzentrationsfähigkeit steigern.

Als Ursache gestörter Atmung können eine verkrümmte Nasenscheidewand, chronischer Schnupfen oder geschwollene Rachenmandeln (Polypen) in Betracht kommen. Die Aussprache des Kindes kann in diesem Fall klingen, als hätte es einen Schnupfen.

Folgen der Mundatmung sind nächtliches Schnarchen, trockene Mundschleimhaut, Entzündungen an Lippen und Nase, häufige Atemwegsinfekte, Probleme beim Kauen und Schlucken sowie gestörte Lautbildung. Die folgenden Spiele bieten Anregungen und Hilfestellungen, um Kinder mit Mundatmung auf Nasenatmung umzustellen.

Ein- und Ausatemspiele werden separat dargestellt.

Spiele für die Einatmung

Die Einatmung erfolgt durch die Nase, die Lippen sind dabei geschlossen. Es gibt verschiedene Möglichkeiten, Luft durch die Nase einzuatmen: ruhiges Atmen, riechen, schnuppern, schniefen.

TIEF EINATMEN

Das Kind liegt entspannt in Rückenlage. Die Hände liegen locker auf dem Bauch. Es atmet tief durch die Nase ein und beobachtet, wie der Bauch dick wird. (Wir spielen »schlafender Bär«.) Beim Ausatmen wird der Bauch wieder flach. Durch die Beobachtung wird dem Kind die Atemfunktion bewusst gemacht.

BEWUSSTES RIECHEN

Durch Duftreize wird das Kind zum Einatmen durch die Nase animiert. Zur intensiven Wahrnehmung der Düfte ist es notwendig, die Lippen geschlossen zu halten. Möglichkeiten, Geruchsreize zu schaffen, sind:

- bei der Zubereitung der Speisen die Kinder mithelfen lassen, bewusstes Riechen der Zutaten und der Gerüche, die bei der Zubereitung einer Mahlzeit entstehen
- Gerüche aus der Umgebung bewusst machen
- Blumen riechen, Waldspaziergang
- Riechdosen, Duftsäckchen
- Riechpflaster (Wundpflaster werden mit Duftöl etc. beträufelt)
- Duftmemory, Riechlotto
- Riechspur (aus duftenden Materialien eine Spur legen, die das Kind mit geschlossenen Augen verfolgt)
- Riechkugeln aus Holz (für Schränke)
- Seifen, Parfüm

Bewusstes Riechen kann leicht ins Alltagsgeschehen eingebaut werden: zum Beispiel beim Vorbereiten von Mahlzeiten, beim Spazieren gehen, bei der Körperpflege ...

RIECHDOSEN

In leere Filmdosen gibt man stark duftende Kräuter, Gewürze oder Duftöle, die mit etwas Watte abgedeckt werden. Die Riechdosen werden verschlossen, damit sie nicht ausduften. Die Riechdosen können sporadisch oder als Spiel angeboten werden, jedoch sollten nie mehr als vier Düfte gleichzeitig zur Verfügung stehen, da sonst nicht mehr unterschieden werden kann.
Befüllt man je zwei Dosen mit demselben Duft, kann ein Riechmemory hergestellt werden. Wichtig ist dabei, dass sich die Gerüche deutlich voneinander unterscheiden.
Mit starken Düften kann man »Blinde Kuh« spielen, wobei das Kind mit verbundenen Augen die Duftquelle finden muss.

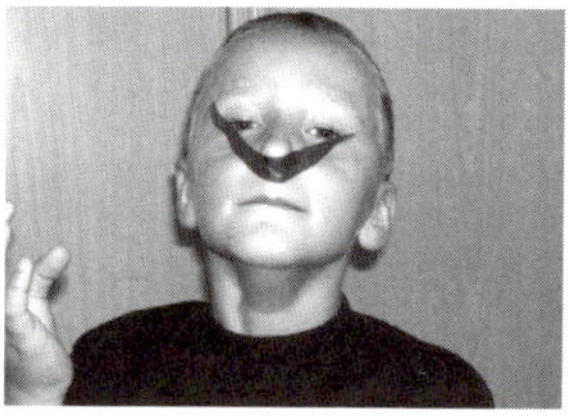

SCHNURRBART

Der aus Transparentpapier ausgeschnittene Schnurrbart wird auf die offene Hand gelegt. Anschließend wird er durch tiefes Einatmen mit der Nase angesaugt und für einen Augenblick festgehalten. Schnurrbärte können aus unterschiedlichen Materialien, in unterschiedlichen Formen und Größen hergestellt werden, wodurch lustige Gesichter entstehen.

Spiele für die Ausatmung

Es gibt verschiedene Möglichkeiten, Luft durch die Nase auszuatmen, die Lippen sind dabei geschlossen: ruhiges Atmen, hörbares Ausatmen, Schnäuzen.

TIEF AUSATMEN

Das Kind liegt entspannt in Rückenlage. Die Hände liegen locker auf dem Bauch. Es atmet tief durch die Nase ein und beobachtet, wie der Bauch dick wird. (Wir spielen »schlafender Bär«.) Beim Ausatmen wird der Bauch wieder flach. Durch die Beobachtung wird dem Kind die Atemfunktion bewusst gemacht.

SPIEGEL BESCHLAGEN LASSEN

Ein kalter Handspiegel wird in Höhe der Unterlippe unter die Nase des Kindes gehalten. Die Lippen sind dabei geschlossen. Das Ausatmen durch die Nase wird durch Beschlagen des Spiegels sichtbar gemacht. Das Kind kann seinen Erfolg direkt sehen.

LUFTRÜSSEL

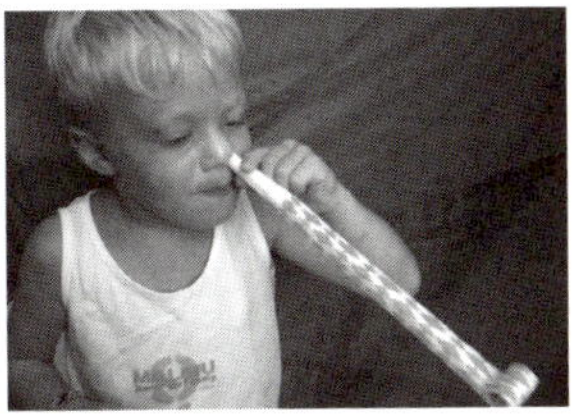

Ein Nasenloch wird mit einem Finger zugehalten. An das andere Nasenloch wird ein Luftrüssel gehalten. Die Lippen sind geschlossen. Ein kräftiger Ausatemstoß durch die Nase öffnet den Rüssel. Das Spiel ist sehr motivierend, da der Erfolg sofort sichtbar ist. Das Spiel abwechselnd mit beiden Nasenlöchern durchführen! Geübte Spieler können auf das Zuhalten des Nasenloches verzichten. Dieses Spiel ist eine gute Vorübung für das Naseputzen. Es beugt Atemwegsinfektionen vor, sollte aber bei Schnupfen nicht durchgeführt werden.
Auch Pfeifen, Flöten, Mundharmonikas können mit der Nase gespielt werden.

LOCHERABFALL WEGPUSTEN

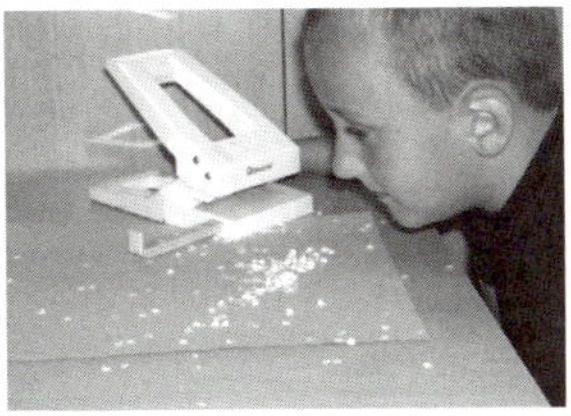

Konfetti oder Locherabfall wird auf dem Tisch verstreut. Das Kind bringt seine Nase in Tischnähe, schließt die Lippen und versucht, die Schnipsel möglichst weit über den Tisch zu pusten. Das Spiel kann als Wettspiel durchgeführt werden. Man kann mit einem oder mit beiden Nasenlöchern pusten. Wer schafft es, die Konfetti durch gezieltes Pusten zu einem Häufchen zusammenzubringen?

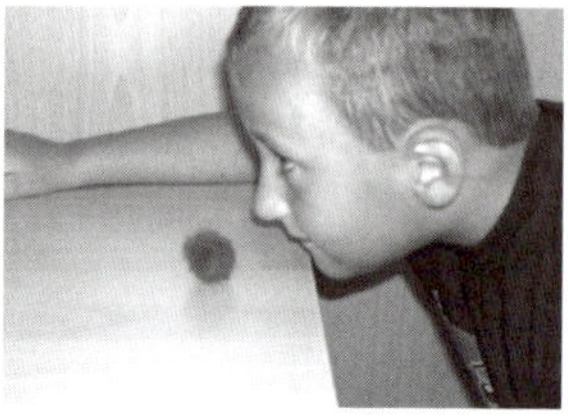

TORE SCHIESSEN

Wattebäusche, Kugeln, Tischtennisbälle, kleine Autos, Federn, zerknülltes Papier ... werden mit einem Partner von Tischkante zu Tischkante geblasen. Ziel des Spiels ist es, den Gegenstand nicht vom Tisch abstürzen zu lassen, weil sonst der Partner ein Tor erzielt hat. Die Lippen müssen geschlossen sein, es darf nur durch die Nase geblasen werden. Die Schwierigkeit des Spiels variiert mit dem Gewicht des Spielmaterials und der Größe des Tisches.

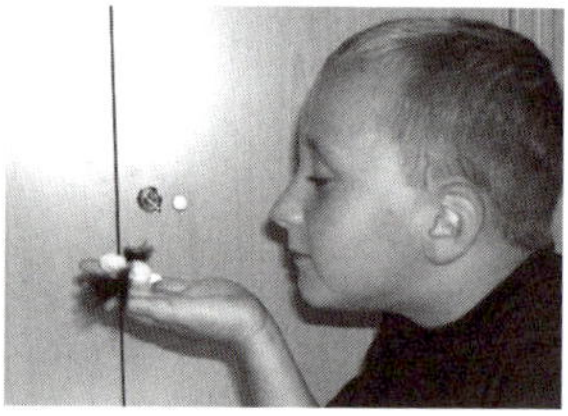

PUSTEVOGEL

Auf die offene Handfläche wird eine Feder, ein Schmetterling aus Seidenpapier, ein Papiervögelchen etc. gelegt. Durch Anpusten mit der Nase wird der Vogel zum Fliegen gebracht. Bei mehreren Mitspielern kann der Vogel von einer Hand zur anderen fliegen.

LIEDER SUMMEN

Mit geschlossenen Lippen bekannte Lieder summen. Die Lippen bleiben während der ganzen Zeit des Summens geschlossen. Luftein- und -austritt erfolgen durch die Nase. Wer errät die Melodie zuerst?

Anhang

Wo bekommen Sie Hilfe?

Die folgenden Einrichtungen bieten Rat und Unterstützung. Über Telefonbuch oder Internet finden Sie unter diesen Bezeichnungen eine geeignete Stelle in Ihrer Nähe:

- Sprachheilschule
- Schule zur Sprachförderung
- Sprachheilpädagogisches Beratungszentrum
- Frühförderstelle
- Mobile sonderpädagogische Hilfen
- Pädagogische Frühförderung
- Sprachheilkindergarten
- Schulvorbereitende Einrichtung für Sprachbehinderte
- Sonderpädagogisches Förderzentrum
- Sprachheilzentrum
- Logopädische Praxis
- Praxis für Sprachtherapie
- Sprachheilpädagogische Praxis
- Fachberater für Hör- und Sprachgeschädigte beim Gesundheitsamt
- Sozialpädiatrisches Zentrum
- Phoniatrische Abteilung einer Klinik
- Zentrum für Kindesentwicklung
- Facharzt für Hals-, Nasen- und Ohrenheilkunde
- Facharzt für Kinderheilkunde
- Stotterer-Selbsthilfegruppen

In verschiedenen Bundesländern weichen die Bezeichnungen eventuell leicht von den oben genannten Begriffen ab, sie werden aber immer ähnlich klingen, so dass es möglich sein wird, mit diesen Angaben die nächste zuständige Stelle zu finden.

In der **Schweiz** sind außerdem folgende Bezeichnungen üblich:

- Früherziehungsstelle
- Zentrum für Kindesentwicklung bzw. Entwicklungsstörungen

In **Österreich** sind im pädagogischen Bereich folgende Bezeichnungen üblich:

- Sonderschule für sprachgestörte Kinder
- Regionales/überregionales Zentrum für Sprachheilpädagogik
- Integrative Einstiegsklasse mit sprachheilpädagogischem Schwerpunkt
- Integrationsklasse mit sprachheilpädagogischem Schwerpunkt
- Ambulanz (der Wiener Sprachheilschule)
- Sprachheilklasse

Lautgebärden

Vorbemerkung für Eltern

Bitte bedenken Sie, dass Lautgebärden Zeichen für die gesprochene Sprache sind. Sie werden bei den Lautgebärden somit Zeichen für manche Buchstaben vermissen, weil diese keinen eigenen Laut repräsentieren. Andererseits werden Sie Zeichen finden, die Ihnen so aus dem Alphabet nicht bekannt sind, die aber eine lautliche Einheit darstellen. Sie werden auch Zeichen finden, die Sie vermutlich niemals brauchen, wie die Lautgebärde für das V, weil dieses entweder wie ein |f| oder wie ein |w| gesprochen wird. Auch das Z werden Sie wahrscheinlich nie brauchen, da es keinen Laut, sondern nur einen Buchstaben darstellt.

Vorbemerkung für Fachleute

Dennoch wurden die beiden letztgenannten Lautgebärden mit aufgenommen, da sie eventuell zur Unterstützung des Schriftspracherwerbes gebraucht werden können. Die Lautgebärden sind zum Teil graphem-, zum Teil phonemorientiert, das heißt, sie orientieren sich zum Teil am Schriftzeichen, zum Teil an der Aussprache. Bei manchen ergeben sich sowohl graphem- als auch phonemorientierte Herleitungen.

Tipp

Bei allen Lautgebärden ist es wichtig, zusätzlich zum Handzeichen ein deutliches Mundbild zu präsentieren!

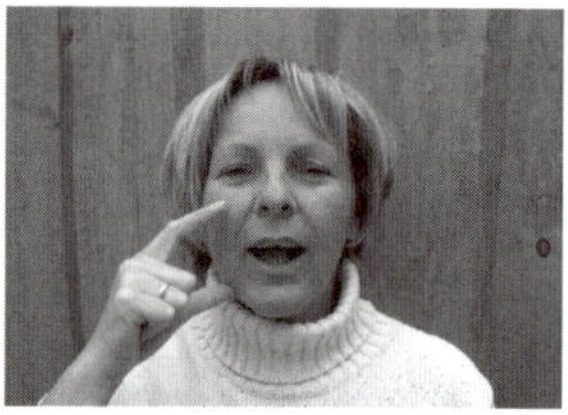

Beim |a| ist der Mund deutlich geöffnet. Der Daumen legt sich an den Unterkiefer, der Zeigefinger symbolisiert den geöffneten Mund. In die Fingeröffnung kann man sich den Buchstaben a denken.

Beim |e| sind die Lippen breitgezogen, der Zeigefinger liegt unter der Unterlippe, in die drei gebeugten Finger kann man sich den Buchstaben E denken.

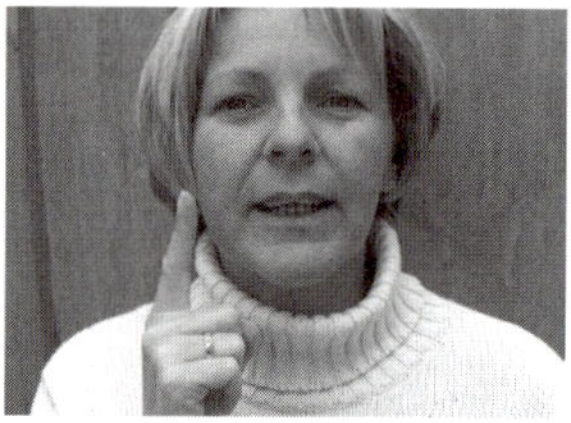

Beim |i| ist der Mund bei breiten Lippen leicht geöffnet. Neben dem Mund befindet sich der erhobene Zeigefinger, der den Buchstaben anzeigt.

Wir sprechen ein deutliches |o| mit runden Lippen, Daumen und Zeigefinger umrunden den Mund, um das o anzuzeigen.

Wir sprechen ein deutliches |u| mit runden, leicht gespitzten Lippen. Der Zeigefinger liegt unter der Unterlippe, im Fingernagel kann man das u sehen.

Beim |au| zwicken wir bei geöffnetem Mund in die Wangen. Das Zwicken symbolisiert den Schmerz, der zum Laut |au| führt.

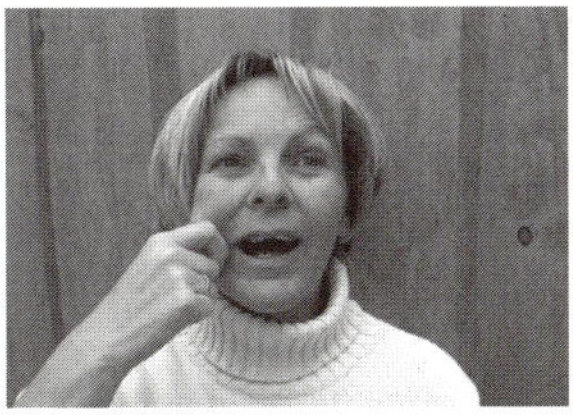

Beim |ei| streichen wir mit zwei Fingern über die Wangen, was eine Liebkosung (ei-ei) symbolisiert.

Beim |eu| umrunden Daumen und Zeigefinger ein Auge, wodurch die Eule symbolisiert wird.

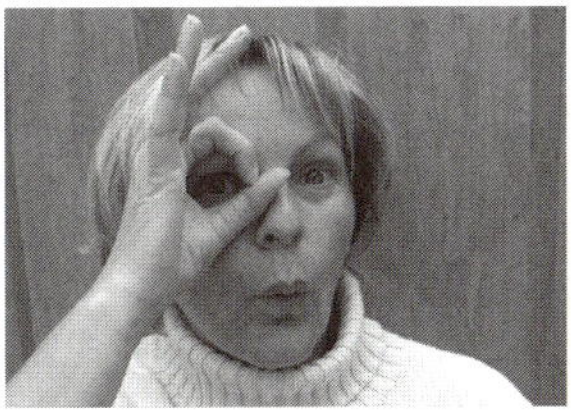

Beim |r| halten wir die Hand neben den Mund. Ringfinger und kleiner Finger werden vom Daumen festgehalten. Zeigefinger und Mittelfinger bewegen sich gegenläufig schnell auf und ab, wodurch das Zappeln von Zunge oder Zäpfchen beim |r| angedeutet wird.

Wir sprechen ein deutliches |l| bei leicht geöffnetem Mund, so dass man sehen kann, dass die Zunge hinter dem oberen Zahndamm liegt. Der Zeigefinger der rechten Hand deutet nach oben, der Daumen zum Mund. In dieser Handstellung kann man ein L erkennen.

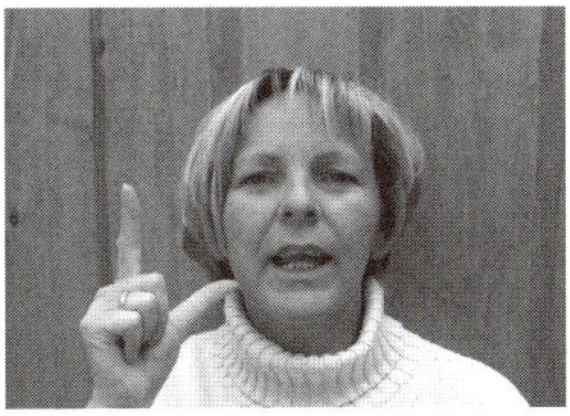

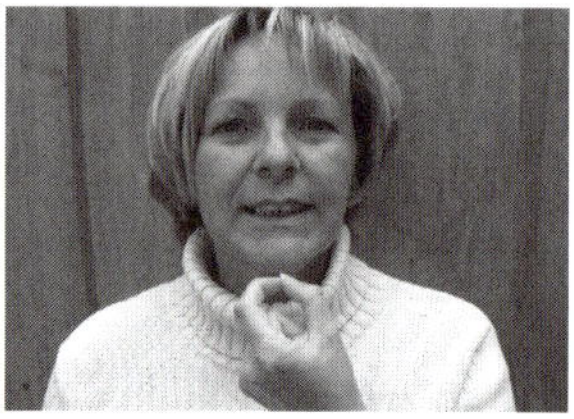

Mit breitgezogenen Lippen sprechen wir das |s|, mit Zeigefinger und Daumen ziehen wir den Luftstrom von den Lippen weg. Mit viel Fantasie kann man in der Hand ein s erkennen.

Das |sch| sprechen wir mit einer besonders dicken Schnute, der Zeigefinger schiebt die Schnute nach vorne, damit sie besonders gut zu sehen ist.

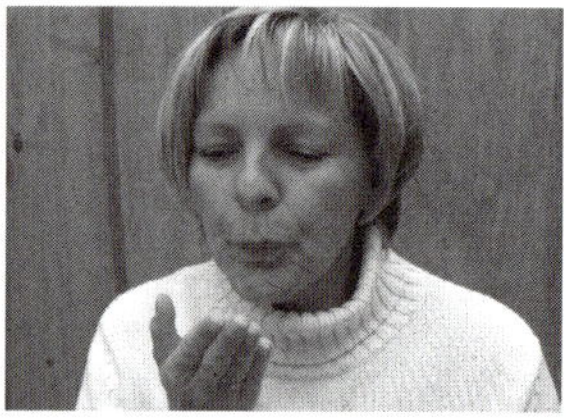

Die Lippen sind zunächst deutlich geschlossen, wenn sie sich zum |b| öffnen, spürt man die Luft sanft in der vorgehaltenen Hand.

Die Lippen sind zunächst deutlich geschlossen, wenn sie sich zum |p| öffnen, strömt die Luft kräftig heraus, was durch eine kraftvolle Vorwärtsbewegung des Daumens angezeigt wird.

Ein |d| wird mit leicht geöffneten Lippen gesprochen, eine Vorwärtsbewegung des Mittelfingers zeigt den Austritt der Luft an. Daumen und Zeigefinger bilden einen Kreis, so dass in der Hand das d gesehen werden kann.

Ein |t| wird mit leicht geöffneten Lippen gesprochen, eine Vorwärtsbewegung des Zeigefingers zeigt den Austritt der Luft an, der gestreckte Zeigefinger symbolisiert das t.

Da das |g| weit hinten gesprochen wird, deuten wir mit dem Zeigefinger auf den Hals.

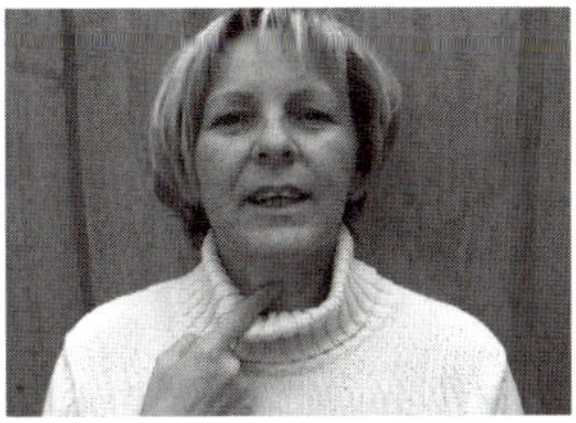

Auch das |k| wird weit hinten gesprochen, da es aber härter ist als das |g|, deutet die ganze Faust zum Hals.

Beim |m| sind die Lippen verschlossen, die Luft geht durch die Nase. Der Verschluss wird durch das Zuhalten des Mundes angezeigt. Da wir den Mund mit drei Fingern zuhalten, kann man die drei senkrechten Linien des m sehen.

Auch beim |n| geht die Luft durch die Nase, was wir durch das Anlegen von zwei Fingern an die Nase anzeigen. Die Lippen sind breit geöffnet.

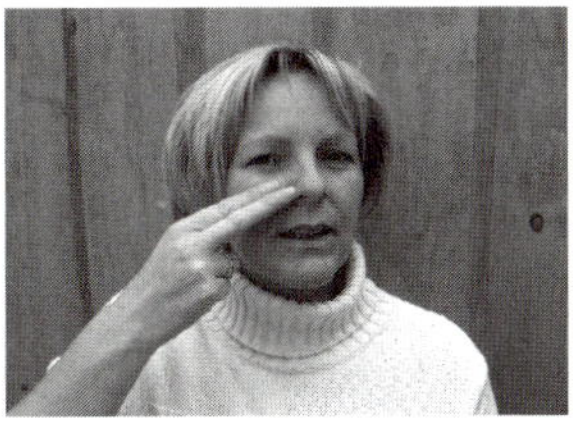

Auch beim |ng| geht die Luft durch die Nase. Da der Verschluss sehr weit hinten ist, deutet der Daumen von unten zum Zungengrund, Zeige- und Mittelfinger werden quer abgestreckt.

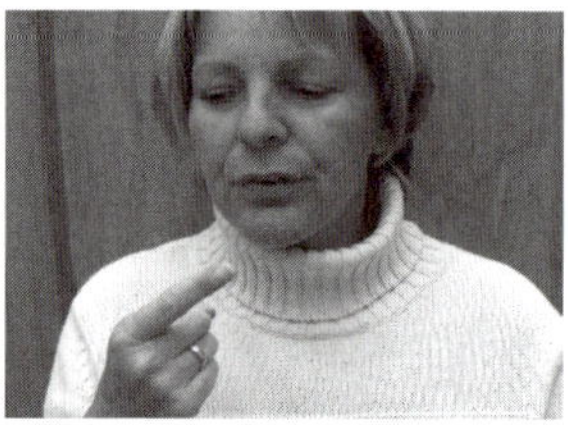

Wir sprechen ein deutliches |f|, der Zeigefinger zeigt zum Mund und bewegt sich nach vorne, vom Mund weg, um den Luftaustritt anzuzeigen.

Wir sprechen ein deutliches |w|, drei Finger liegen unter der Unterlippe, wodurch man das w gut sehen kann.

Beim Aussprechen des V (egal ob als |f| oder als |w| gesprochen) liegen Zeige- und Mittelfinger an den Mundwinkeln, so dass das v gut zu sehen ist.

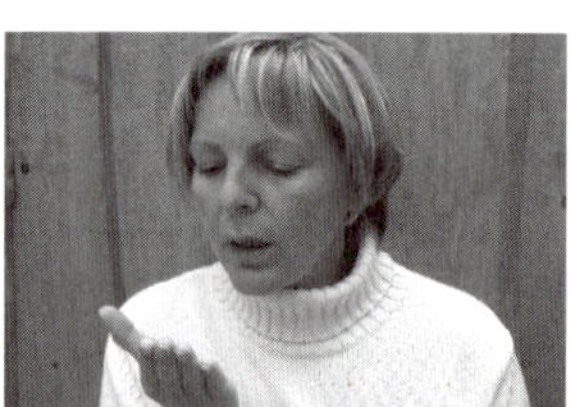

Beim |h| hauchen wir in die Handfläche.

Beim |j| deutet der Zeigefinger von unten zum Zungengrund, der Mittelfinger wird quer abgestreckt. In den Fingern kann man ein j erkennen.

Beim |ch| beugen wir Zeige- und Mittelfinger und legen sie von unten an den Zungengrund.

Für das Z legen wir den rechten Arm schräg über die Brust, wodurch der Schrägstrich des Buchstaben angezeigt wird.

Die Sprachentwicklung auf einen Blick

In der folgenden Übersicht haben wir für Sie die »normale« Sprachentwicklung eines Kindes zusammengefasst. Diese dient jedoch nur zur Orientierung, denn ein Kind ist kein Uhrwerk. Nicht alle Entwicklungsschritte laufen pünktlich in der angegebenen Reihenfolge ab.

6 Monate Kind macht Lippengeräusche, lallt freut sich an Geräuschespielen
12 Monate sagt Doppelsilben und erste Wörter, z.B. »Mama«, »Papa«, »ada« versteht bestimmte Wörter reagiert auf seinen Vornamen
18 Monate sagt einige verständliche Wörter, z.B. »Ball«, »Auto«, »Wau-wau« erkennt Alltagsgeräusche versteht kurze Sätze
2 Jahre sagt mehr als 50 Worte sagt Zwei-Wort-Sätze versteht Aufforderungen wie »Gib mir den Ball« spricht Bezugspersonen mit Namen an
3 Jahre spricht einfache Sätze singt und spricht Kinderverse antwortet auf einfache Fragen spricht den größten Teil der Laute richtig aus
4 Jahre spricht einfache Sätze richtig und benutzt Nebensätze beteiligt sich an alltäglichen Gesprächen spricht alle Laute bis auf schwierige Lautverbindungen richtig aus erfasst und beschreibt Zusammenhänge im Bilderbuch
5 Jahre alle Laute und Lautverbindungen werden richtig gebildet Grammatik und Satzbau sind weitgehend fehlerfrei Oberbegriffe werden benutzt

Protokollbogen zur Überprüfung der Aussprache

Laut	Prüfwörter	Beispiele für Fehler	+/-
b	Ball, Baby		
ch	Küche, ich	Küke, Küse, Küsche, Küde, is, isch, ik, it	
ch	Kuchen, Dach	Kuden, Kuken, Kusen, Das, Dat, Dak	
d	Daumen, Feder	Baumen, Gaumen, Feger	
f	Fahne, Affe, Hof	Bahne, Dahne, Sahne, Abbe, Asse, Adde, Hos, Hod, Hob	
g	gehen, Wagen	dehen, sehen, behen, Waden, Waben, Waken	
h	Hund	Bund, Mund	
j	Jacke	Lacke, Racke, Wacke	
k	Kind, Decke, Sack	Tind, Tette, Sat	
l	Licht, Welle, Ball	Wicht, Richt, Jicht, Weje, Baj	
m	Maus, Oma, Baum		
n	Nuss, Kanne, Bein	Duss, Kadde, Beim	
ng	singen, Ring	sinnen, Rinn	
p	Peter, Puppe, hopp		
pf	Pfanne	Panne, Fanne, Tanne, Sanne	
r	Riese	Wiese, Jiese, Hiese, Liese	
t	Tor, Blüte, Hut	Por, Kor, Blüke, Huk	
w	Wolle	Bolle, Solle	
s	Sonne, Wiese, Eis	Donne, Gonne, Wiede, Wiege, Eig, Eid	
sch	Schule, Fische, Tisch	Dule, Sule, Gule, Fisse, Fidde, Figge, Tiss, Tig, Tit	

Hinweise zur Verwendung und Auswertung ab Seite 47.

Laut	Prüfwörter	Beispiele für Fehler	+/-
bl	blau	bau, lau, dlau, slau	
br	braten	baten, bjaten	
dr	drei	dei, djei	
fl	Fliege	Fiege, Biege	
fr	froh	foh, fjoh, soh	
gl	glatt	datt, gatt	
gn	Gnade	Nade, Gade	
gr	groß	goß, gjoß, doß	
kl	klein	lein, tlein, tein	
kn	Knopf	Bopf, Nopf, Topf	
kr	Kreis	Teis, Keis, Kjeis	
ks	boxen	bozen, boten	
kw	Quatsch	Watsch, Twatsch	
nk	danke	dante	
pfl	Pflaume	Pfaume, Laume, Baume, Slaume	
pl	Platz	Latz, Patz	
pr	Probe	Pobe, Pjobe	
tr	Treppe	Teppe, Tjeppe, Beppe	
schl	schlafen	slafen, flafen, dafen, lafen	
schm	schmecken	smecken, fmecken, becken, mecken	
schn	schneiden	sneiden, fneiden, beiden, neiden	
schr	schreiben	sreiben, freiben, beiben, reiben, leiben	
schw	schwimmen	swimmen, fwimmen, bimmen, wimmen	
ts	Zahn	Tahn, Sahn	
st	Kasten	Katten, Katsen, Kaften	
tsw	zwei	twei, bei, fei	

Empfehlenswerte Bücher und Spiele

Bewegungsförderung

Marianne Austermann, Gesa Wohlleben: *Zehn kleine Krabbelfinger. Spiel und Spaß mit unseren Kleinsten.* München 2002 (auch als CD)

Marianne Austermann, Gesa Wohlleben: *Krabbelfinger werden größer. Spiel und Spaß für Ein- bis Dreijährige.* München 2005 (auch als CD)

Angela Dunemann-Gulde: *Yoga und Bewegungsspiele für Kinder.* München 2005

Johanna Friedl: *Pi-Pa-Purzelbaum. Spielerische Bewegungsförderung für Kinder. Für 4- bis 10-Jährige.* München 2001

Uta Klawitter: *Bewegungsspiele für Babys.* München 2001

Ludwig Koneberg, Silke Gramer-Rottler: *Das bewegte Gehirn. 7 Körperübungen für clevere Kinder.* München 2002

Frédérick Leboyer: *Sanfte Hände. Die traditionelle Kunst der indischen Baby-Massage.* München 1999

Gabriele Roß, Robert Erker: *Lustiges Sprechzeichnen. Eine spielerische Sprachförderung.* München 2000

Vimala Schneider: *Babymassage. Praktische Anleitung für Mütter und Väter.* München 2002

Susanne Stöcklin-Meier: *Eins, zwei, drei, ritsche, ratsche, rei. Kinderspielverse zum Lachen, Hüpfen und Tanzen.* München 1999 (auch als CD)

Heidi Velten, Bruno Walter: *Harmonische Kindermassage. So fördern Sie das Wohlbefinden Ihres Kindes.* München 2000

Entspannung, Fantasiereisen, Stilleübungen

Reinhard Brunner: *Hörst du die Stille. Meditative Übungen mit Kindern.* München 2001

Angela Dunemann-Gulde: *Yoga und Bewegungsspiele für Kinder. Für 4- bis 10-Jährige.* München 2005

Birgit Jackel: *Ausgeglichen und entspannt. Stress bei Kindern erkennen und abbauen. Mit Bewegungsgeschichten aus der Progressiven Muskelrelaxation.* München 2004

Sabine Kalwitzki: *Fühl die warmen Sonnenstrahlen. Fantasiereisen und Stillespiele für jeden Tag.* Bindlach 2004

Rüdiger Maschwitz: *Hellwach und entspannt. Eutoniegeschichten für Kinder.* München 2001 (auch als CD)

Else Müller: *Träumen auf der Mondschaukel. Autogenes Training mit Märchen und Gute-Nacht-Geschichten.* München 1993 (auch als CD)

Verse, Lieder, Fingerspiele

Marga Arndt, Waltraud Singer: *Das ist der Daumen Knudeldick. Über 500 Fingerspiele und Rätsel.* Ravensburg 2004

Marianne Austermann, Gesa Wohlleben: *Zehn kleine Krabbelfinger. Spiel und Spaß mit unseren Kleinsten.* München 2002 (auch als CD)

Marianne Austermann, Gesa Wohlleben: *Krabbelfinger werden größer. Spiel und Spaß für Ein- bis Dreijährige.* München 2005 (auch als CD)

Rita Diepmann: *Die fantastischen Fünf. Fingerspiele für Kinder von heute.* München 2002

Siegfried Macht: *Husch du kleine Krabbe. Sing-, Finger- und Bewegungsspiele für Kinder.* München 2005

Zur Sprachförderung geeignete Spiele

HABA®
Planet der Sinne
Ratzolino
Papperlapapp
Ratz-Fatz
Kikeriki
Kleiner Lachzahn
Zahnputzspiel
Genau schauen und schnell raten
Um die Ecke gedacht
Bandwurmgeschichten
Pustekuchen
Verfühlt noch mal

Ravensburger®
Hier wohne ich
Nanu, ich denk da liegt der Schuh
Blinde Kuh
Was darf's denn sein?
Memory
Gegensätze
Bambino-Lotto
Vier erste Spiele
Sonntagsmaler
Ich spiele Einkaufen
Flip-Flap
Ratefüchse aufgepasst

Noris®
Wissensquiz für Kinder
Das neue Wissensquiz für Kinder
Vorschul-Wissensquiz

Selecta®
Greif zu
Würfelzwerge
Einfaches Legspiel

Trialogo®
Plappersack

Prolog®
Akustifix

Die Autoren

Margit Jäcklein, Jahrgang 1958, ist Heilpädagogin und zertifizierte MFT-Therapeutin und PEKiP-Gruppenleiterin. Sie leitet eine interdisziplinäre Frühförderstelle für Kinder, die von einer Behinderung bedroht bzw. entwicklungsverzögert sind. Schwerpunkte ihrer Tätigkeit sind die Elternberatung sowie Diagnostik und Förderung von Kindern mit Entwicklungsverzögerungen in den Bereichen Wahrnehmung, Motorik und Aussprache. Im Zusammenhang mit Aussprachestörungen ist u.a. die Prävention und Therapie von mundmotorischen Auffälligkeiten ein Fokus ihrer Tätigkeit; seit 1997 referiert sie zu diesem Themenkomplex auf Fortbildungsveranstaltungen und Kongressen.

Reinhard Dümler, Jahrgang 1950, ist Sonderschuloberlehrer (Lehramt für Gehörlose, Schwerhörige und Sprachbehinderte) und arbeitet seit 1978 in verschiedenen Tätigkeitsbereichen an einer Sprachheilschule (Unterricht, Diagnostik, Therapie, Beratung, Fortbildung). Seit 1994 ist er auch als Touch-For-Health-Instructor und seit 1995 als Brain-Gym-Instructor tätig. Neben zahlreichen pädagogischen Fachartikeln veröffentlichte er die Bücher *leichter lesen lernen* und *Praxis der pädagogischen Kinesiologie.*

Kontakt zu den Autoren:
E-Mail: einszweidlei@aol.com